中青年经济与管理学者文库
ZHONGQINGNIAN JINGJI YU GUANLI XUEZHE WENKU

山东省社会科学规划研究项目"混合所有制改革背景下山东国有企业员工持股计划创新研究"（项目批准号：19CDCJ12）

混合所有制改革背景下上市公司员工持股计划研究

李昌振 ○ 著

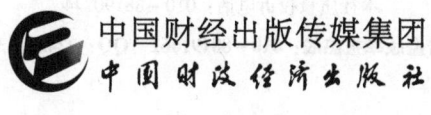

图书在版编目（CIP）数据

混合所有制改革背景下上市公司员工持股计划研究 / 李昌振著. -- 北京 : 中国财政经济出版社, 2025.7. (中青年经济与管理学者文库). -- ISBN 978-7-5223-4057-9

Ⅰ. F279.246

中国国家版本馆CIP数据核字第2025UW3780号

责任编辑：马　真　　　　　　责任校对：张　凡
封面设计：智点创意　　　　　　责任印制：史大鹏

混合所有制改革背景下上市公司员工持股计划研究
HUNHESUOYOUZHI GAIGE BEIJING XIA
SHANGSHI GONGSI YUANGONG CHIGU JIHUA YANJIU

中国财政经济出版社 出版

URL：http://www.cfeph.cn

E - mail：cfeph@ cfeph.cn

（版权所有　翻印必究）

社址：北京市海淀区阜成路甲28号　邮政编码：100142
营销中心电话：010-88191522
天猫网店：中国财政经济出版社旗舰店
网址：https://zgczjjcbs.tmall.com

涿州汇美亿浓印刷有限公司印刷　各地新华书店经销
成品尺寸：170mm×240mm　16 开　14.5 印张　220 000 字
2025 年 7 月第 1 版　2025 年 7 月河北第 1 次印刷
定价：66.00 元
ISBN 978-7-5223-4057-9
（图书出现印装问题，本社负责调换，电话：010-88190548）
本社质量投诉电话：010-88190744
打击盗版举报热线：010-88191661　QQ：2242791300

策划人语

题记：一个人的精神成长史，取决于他的阅读史。只有阅读能最有效地培养精神生活习惯，而好的习惯又培养性格，性格决定人生。

——我们自豪，因为我们就是创造这精神产品的人。

选择了飞翔，总能看到蓝天；选择了远航，总能感受大海。人生不仅要作出选择，也要坚持住自己的选择。学会计、当编辑是我的意外选择。人说编辑是为人作嫁，可是这一选择我坚持了30年，苦在其中，乐在其中，也算是有声有色。每当我把一本本好书呈献给人们的时候，我觉得我是"富贵"的人：富，不是你身上的钱财，而是你心里的满足；贵，不是你地位的显赫，而是你被人需要的程度。

书海探寻，情怀永恒

我要说，做编辑我幸运，因为我不仅是第一个读者，可以对作品"品头论足"，也可以对作品"生杀予夺"；更重要的是，这是一个有很高层次的平台，在多年与名家的交往和名著的"对话"中，深深地为他们的人格和才学所感动，被作品的精彩所吸引，这不仅使我"下笔如有神"，更使我的思想和灵魂也受到一次次洗礼和震撼，得到一次次升华。对于我的作者我的书，如数家珍，作者中不乏才学和为人同样过人的多位泰斗和"颜值高责任大"的众多才子佳人；策划的作品不仅立足专业还兼顾人文，也是情怀所在，专业加人文路才会更宽更远。

多年的体会是，作为一名编辑，起码要"三心二意"，即"责任心、细心、耐心"和"服务意识、创新意识"。要多策划一些拳头产品，用一个选题推动一个系统工程，用一个系统工程培养一个出版社品牌。给新入职编辑讲座时我做过一个比喻：编辑两项基本功，审稿——甚至要比博导审批学生论文还要全面、细致；选题策划——要像电影导演一样做"星探"，善于发现优秀作者和挖掘好的原创作品。记不清30年来我策划和编辑了多少书，组织和策划了大批教材、业务培训用书、通俗读物、理论专著等，有的获得过国家、省部级各类奖项，有的以其填补空白、社会热点、风格新颖、开拓尝试等特点受到读者的欢迎。正是：

一入书门情似海，
探寻经典职责在。
苦辣酸甜何其乐，
编辑人生也精彩。

想是问题，做是答案

众所周知，目前的图书出版业在行业竞争和纸质图书受到严重冲击的情况下，出版人无不感到莫大的危机。在这种背景下，我们还要积极应对，完善纸质图书的固有特质，拓宽纸媒的功能，挖掘出版内容和形式都精彩的原创作品，适应新形势下读者的更高需求。2017年至今，在新的时代环境下不断出新，我又策划了多套系列丛书和单本图书，不乏名家著作、教材、学术专著和实务丛书等，继续为扶持学术研究和总结实践最新成果，在高端研究与专业知识普及和应用之间搭建一座座有益的桥梁。

每一个时代的经济环境不同，理论研究和实务探索所需要解决的问题也有所差别。当前我国处于新的历史时期，市场环境和组织模式不断演变发展、推陈出新，经济、管理、财税等领域的新理论、新思想、新方法、新工具也层出不穷。乱花渐欲迷人眼，击水三千浪几何？这些领域的研究人员被时代赋予了更艰巨的责任，也面临着更高、更多元的要求，我们不仅要具备更广阔的学术视野，而且要有更严谨的学术思维。

输在犹豫，赢在行动

《中青年经济与管理学者文库》的作者，都是我国经济与管理领域的中坚力量，也是未来的大家。他们中有些人潜心从事理论研究，有些人则深耕在实务一线，但无论现实身份如何，视野全都没有被拘泥在"象牙塔"内。他们从不同视角对市场经济的不同要素进行细致审视，然后汇聚于"财经版"这面旗帜之下，相互碰撞，彼此激荡，力求在市场经济转型升级的关键时期留下最新鲜的"中国印记"。

这些经济与管理领域的中青年学者，就是我国市场经济发展的潜力与优势，他们的研究成果，不仅将引领市场经济的各个组成环节向更科学、更先进的方向发展，而且将成为我国政府和企业在未来经济世界扮演更重要角色的支点与动力。祝愿这些中青年学者能攀上更高的学术之山，走向更远的研究之路，也期待宏观、中观、微观各个层面的市场参与者都能从这套文库中得到切实的启发与指引，在全面深化改革、增强发展活力的关键时期，发挥正能量和积极作用，为经济社会发展增添新的动力！——这也是我策划此套丛书的初衷。

作始也简，毕也必巨

2021年，是一个非凡之年，纵观世界风云，抗击疫情"风景这边独好"，"十四五"规划开局，我们喜迎建党百年。"其作始也简，其将毕也必巨。"从"开天辟地""改天换地"到"翻天覆地""惊天动地"，我们党经历了四个历史时期——救国大业、兴国大业、富国大业、强国大业，四件大事铸就了中国共产党百年辉煌。我们不禁感叹——风雨百年创辉煌，"天地"之间"有杆秤"。

2021年，还是一个纪念之年，出版社成立65周年和我从事编辑工作30

周年。65年来，财经出版社始终坚持正确的舆论导向和鲜明的出版特色，努力为经济建设和财政工作服务，致力于为读者奉献经典作品，在中国财经出版传媒集团旗下发挥着更大的作用，取得更大的成就。作为一个有着20多年党龄的党员，我是生在新中国长在红旗下的幸运的一代，怀着对党无限的热爱和感恩，浓情做事、淡泊做人，用30年的情怀和坚守见证了出版业的转型，践行了编辑的天职，向党递交一份努力的答卷。

2017年策划出版《中青年经济与管理学者文库》至今已5年，得到了众多中青年学者的热烈响应与大力支持，文库诞生至今已囊括专著60余种，为中青年学者们提供了展示学术研究成果的平台，作者队伍不断壮大，作品陆续出版。如果您认可，如果您有意愿，欢迎您和您的朋友加盟我们的作者队伍！在中国财经出版传媒集团的"旗舰"下，中国财政经济出版社这"老字号"，一定励精图治，谱写新的篇章。敬请关注"龙媒玉制新书坊"微信公众号，我们用"龙的精神，玉的品质"来助力您实现梦想！

策划人：樊清玉
邮箱：qingyuf@sina.com
2021年12月31日

　　党的十八届三中全会通过的《中共中央关于全面深化改革若干重大问题的决定》指出，"允许混合所有制经济实行企业员工持股，形成资本所有者和劳动者利益共同体"。2014年5月9日，国务院制定发布《国务院关于进一步促进资本市场健康发展的若干意见》，允许上市公司按规定通过多种形式开展员工持股计划。中共中央、国务院《关于深化国有企业改革的指导意见》更加明确指出"探索实行混合所有制企业员工持股"。在党和国家一系列政策制度的推动下，员工持股计划制度作为混合所有制改革的一种重要实现形式，成为新时期国有企业全面深化改革的重要内容。

　　员工持股计划（Employee Stock Option Program）作为一种利润分享和股权激励的重要形式，一直是理论与实务界关注的热点话题。员工持股计划（ESOP）在国外的实践已有数十年的历史，在理论研究与实践操作方面相对成熟。由于国外成熟的资本市场和完善的制度规范，员工持股计划在国外得到广泛应用，其理论基础、法律规范等方面也较为完善。与国外相比，员工持股制度在我国国内起步较晚，尤其是作为公司内部激励机制的发展更是经历了一个曲折过程。我国员工持股制度在经历了20世纪90年代的制度规范调整后，于2014年开始重新启动。2014年6月，证监会出台《关于上市公司实施员工持股计划试点的指导意见》（以下简称《指导意见》），围绕员工持股计划实施原则、范围、持股期限等进行了详细规范。在监管机构政策推动和规范下，我国资本市场（含沪深京交易所）的上市公司积极开展多种形式的员工持股计划，实施员工持股计划的公司数量、持股计划的规模等逐年扩大，并取得市场投资者积极反馈。自 2014 年 7 月以来，实施员工持股计划的上市公司数量从 2014 年的 13 家累计增加到 2025 年的 1293 家；涉及资金规模从 2014 年的 21.17 亿元，增加到 2025 年的 3066.08 亿元。无论实施员工持股计划的公司数量还是员工持股计划涉及的资金规模，都促使与之相关的研究成为当前我国资本市场的重要研究热点。

在国有企业全面深化改革背景下，员工持股计划作为混合所有制改革的重要实现形式，上市公司实施员工持股计划的实际效果是否达到了预期改革目标？员工持股计划影响预期目标实现的关键影响因素或者作用路径是什么？什么因素导致了学术界对员工持股计划经济后果的研究产生不同的研究结论？从现有的文献来看，关于员工持股计划的经济后果及作用机理的研究，国内外学者的结论不尽相同。究其深层次原因，除了因国内外制度背景及资本市场发展程度不同导致的差异外，不同上市公司实施员工持股计划的动机不同也会导致产生不同的经济后果，甚至截然不同的经济效果。本书立足我国员工持股计划实施制度和实践，研究在国有企业混合所有制企业改革的背景下，企业实施员工持股计划的经济后果及其作用机理，为正确评价员工持股计划制度成效提供经验证据。

基于上述分析，本书按照"理论分析——制度背景——实证检验"的研究逻辑，综合采用实证研究方法和案例研究方法等多种研究方法，针对我国员工持股计划的经济后果及作用机理，从宏观和微观两个层面开展了全面系统的分析研究。主要研究结果显示：

（1）与国外发达经济体资本市场相比，我国员工持股计划制度的发展过程比较复杂，经历了一个相对曲折的改革完善过程。员工持股计划制度在国内外发展的巨大反差，其深层次原因在于不同的制度背景差异，并受到了发展程度不同的资本市场等影响因素的制约。

（2）实证检验了企业实施员工持股计划对上市公司财务绩效的影响，从而证实员工持股计划实施对企业财务绩效的影响。研究发现，企业实施持股计划对公司总资产报酬率的影响不显著，公司实施员工持股计划没有显著改善企业以总资产报酬率衡量的公司财务业绩。但是，实证结果表明，实施员工持股计划对公司股东财富增加即公司市值（托宾 Q）表现为显著的正向影响作用，说明持股计划可以显著地提高企业的托宾 Q 值，这表明企业实施员工持股计划会显著改变企业市值。与国有企业相比，实施员工持股计划可以有效促进非国有企业市值的提高，员工持股计划的长期市场效应作用显著。

（3）实证检验了企业实施员工持股计划对企业创新绩效的影响，从而证实企业实施员工持股计划的创新效应。研究发现，实施员工持股计划对企业创新绩效表现为显著的正向影响作用，实施员工持股计划显著促进了公司的研发创新。通过员工持股计划的作用机理分析表明，公司实施员工持股计划缓解了企业面临的融资约束，进而推动企业研发投入的增长，从而为推动企业技术创新奠定坚实基础。在进一步分析中，无论是国有企业还是非国有企业，实施员工持股计划均对企业创新投入具有显著的正向作用，这表明企业实施员工持股计划具有显著的非财务业绩效应。由于技术创新的高风险性，进一步凸显权益资本对技术创新发展的重要作用。这也为加快资本市场科创板块及风险投资机构的发展提供了经验证据。

（4）聚焦微观企业，采用案例研究方法，全面分析研究案例公司员工持股计划的实施背景、实施动因、实施过程和方案设计及其最终的实施效果。案例公司作为一家国有控股的上市公司，在非公开发行证券募集资金过程中同步实施了第一期员工持股计划方案。研究发现，案例公司实施员工持股计划的程序合法合规、持股计划方案内容规范、实施的目标明确。在企业实施员工持股计划后，持股计划将员工利益与企业利益进行捆绑，推动了公司各项工作的顺利开展，公司历年的财务绩效和创新绩效均得到显著提高。通过实施员工持股计划，案例公司的股权结构得以优化，公司治理透明度不断增强；员工持股计划方案覆盖范围广泛，尤其是关键岗位的基层员工参与公司治理，激发了普通员工积极性，为公司未来可持续发展奠定坚实的基础。

本书可能的创新及研究意义：

（1）在全面梳理上市公司员工持股计划实施特征的基础上，深入研究员工持股计划对企业财务绩效的影响，进一步区分不同财务绩效衡量标准，更加精准分析研究员工持股计划的经济后果，为正确评价员工持股计划的经济后果提供经验证据。

（2）结合信号传递理论、激励理论等理论分析，基于中国资本市场上市公司的数据，实证研究了员工持股计划对企业创新活动的影响。研究发现，员工持股计划的创新效应，即实施员工持股计划增加企业研发支出规模，促进了企业创新活动。深刻揭示了员工在创新中的重要作用，丰富了企业创新影响因素的理论研究，也为监管机构完善员工持股计划制度、推动企业创新高质量发展提供经验证据。

（3）本书基于员工持股计划试点以来的上市公司为样本，突破了现有研究样本数量小、范围较窄的缺陷，并综合运用倾向得分匹配法、双重差分法、多元回归等计量分析方法，对企业员工持股计划的经济后果及其作用机理进行了系统研究。同时，采用案例研究法，聚焦微观企业主体，深刻剖析案例公司员工持股计划实施全过程，在进一步验证大样本实证研究结果的同时，系统研究微观企业实施员工持股计划可能存在的问题，从而为深化其他国有企业改革提供参考。

此外，本书的研究结论还有如下政策建议：

（1）加快员工持股计划制度改革，持续推进国企员工持股计划实践。首先，适度扩大员工持股计划的覆盖范围，吸引对公司业绩提升和中长期发展具有重要影响和作用的核心员工有机会参与持股计划，并适当提高其持股比例，充分调动核心员工的积极性。其次，持股比例上，适当提高持股比例限额，从而让有突出贡献的员工享有更高的持股比例，从而更好地激励其积极性。再次，严格规定员工持股计划的解锁条件。员工持股计划方案必须明确规定并严格执行公司层面和与员工层面的解锁条件，即公司层面和个人层面的业绩条件，以避免员工持股计划的福利化。最后，平衡好高管与员工各自的参与比例。员工持股计划制度适时加强改革优化，以充分发挥员工持股计划的制度优势。

（2）完善多层次资本市场体系，增强科创企业的包容性。一方面，持续加强资本市场基础制度改革完善，对科技创新企业的上市标准适当优化，增强资本市场对科技创新企业的包容性。另一方面，大力发展用风险投资机构等市场力量，充分利用市场力量缓解企业科技创新过程面临的融资困境。但是，风险投资机构的发展壮大，也离不开一个成熟的资本市场体系，进而高效引导风险投资资本及时退出市场、形成科创资本的良性循环。创新是发展的第一动力。上市公司实施员工持股计划是通过缓解融资约束进而推动企业研发投入的增长，进一步凸显资本在促进创新发展中的重要作用。在激烈的国内外市场竞争中,只有不断拓宽企业创新融资渠道、增加创新投入,才能为企业后续的创新突破奠定基础。

(3) 加强财会监督,强化信息披露,切实保障各方合法权益。首先,监管机构不断完善财会监督体系,尤其注重员工持股计划的信息披露监管。通过强化上市公司实施计划的信息披露责任,监督并增强企业实施员工持股计划的合法合规性,从根本上、全过程保障各方权益。其次,加强员工持股计划业绩考核监督。在员工持股计划解锁期,严格根据公司层面和个人层面的业绩考核标准,分期、限比例解锁,真正发挥其激励性而避免福利化。最后,完善公司内部公司治理机制的监督功能。充分利用现有公司治理机构、独立董事制度等,充分发挥公司内部治理机制的监督功能,确保员工持股计划更加透明、规范的实施。

上述研究结论和政策建议,在深化国有企业混合所有制改革的时代背景下,研究结论对于完善员工持股计划的激励约束机制、强化资本市场监管提供了参考;对引导山东乃至全国的国有企业规范实施员工持股计划、激活国有企业活力、实现国有企业高质量发展都具有重大的理论和现实意义。

作者

2025 年 5 月

第1章 绪论……………………………………………（1）
　1.1 研究背景和问题的提出 ……………………………（1）
　1.2 研究意义 ……………………………………………（5）
　1.3 研究目标与内容 ……………………………………（7）
　1.4 研究思路和研究方法 ………………………………（9）
　1.5 研究创新与不足 ……………………………………（12）

第2章 核心概念界定及理论基础………………………（14）
　2.1 核心概念界定 ………………………………………（14）
　2.2 理论基础 ……………………………………………（22）
　2.3 本章小结 ……………………………………………（26）

第3章 员工持股计划研究的文献述评…………………（27）
　3.1 员工持股计划的相关研究 …………………………（27）
　3.2 混合所有制改革与员工持股计划的相关研究 ……（36）
　3.3 研究述评 ……………………………………………（37）

第4章 员工持股计划的制度背景和实施现状…………（39）
　4.1 引言 …………………………………………………（39）
　4.2 我国员工持股计划的制度背景和历史沿革 ………（40）

4.3 我国上市公司员工持股计划的实施现状 ……………………（45）
4.4 本章小结 …………………………………………………（55）

第5章 员工持股计划与公司财务绩效 ……………………………（56）
5.1 引言 ………………………………………………………（56）
5.2 理论分析与研究假设 ……………………………………（57）
5.3 研究设计 …………………………………………………（59）
5.4 实证结果分析 ……………………………………………（63）
5.5 稳健性检验 ………………………………………………（68）
5.6 异质性分析：产权性质分析 ……………………………（76）
5.7 本章小结 …………………………………………………（78）

第6章 员工持股计划与公司非财务绩效 …………………………（79）
6.1 引言 ………………………………………………………（79）
6.2 理论分析与研究假设 ……………………………………（81）
6.3 研究设计 …………………………………………………（83）
6.4 实证结果分析 ……………………………………………（86）
6.5 稳健性检验 ………………………………………………（93）
6.6 进一步分析：产权性质分析 ……………………………（97）
6.7 本章小结 …………………………………………………（99）

第7章 国有企业实施员工持股计划的案例研究 …………………（100）
7.1 引言 ………………………………………………………（100）
7.2 新华制药公司简介 ………………………………………（103）
7.3 新华制药公司员工持股计划实施过程和方案 …………（106）
7.4 新华制药公司员工持股计划实施动因分析 ……………（111）
7.5 新华制药公司员工持股计划实施效果 …………………（115）
7.6 本章小结 …………………………………………………（121）

第8章 研究结论、政策建议与研究展望 …………………………（122）
8.1 研究结论 …………………………………………………（122）

8.2 政策建议 …………………………………………………（124）
8.3 研究展望 …………………………………………………（126）
参考文献 ………………………………………………………（128）
附　　录 ………………………………………………………（145）
后　　记 ………………………………………………………（215）

第1章 绪 论

1.1 研究背景和问题的提出

1.1.1 研究的理论背景

自20世纪90年代初以来，员工持股计划（英文全称为"Employee Stock Option Program"，英文简称为"ESOPs"）作为一种利润分享和股权激励的重要形式，一直是国内外理论与实务界的研究热点。员工持股计划是上市公司通过合法方式使员工获得本公司股票并长期持有，股份权益按约定分配给员工的制度安排。从委托代理理论角度看，员工持股计划机制主要通过给予员工一定的股票薪酬激励，在一定程度上缓解委托人与代理人之间的利益冲突，进一步降低代理成本。从国内外的实践来看，企业员工持股制度往往具有较好的激励效应，能够统一企业与员工的根本利益，进而激励员工努力工作并推动企业快速发展。员工持股计划（ESOP）在国外的实践已有数十年的历史，在理论研究与实践操作方面相对成熟。由于国外成熟的资本市场和完善的制度规范，员工持股计划在国外得到广泛应用，其理论基础、法律规范等方面也较为完善。与国外相比，员工持股制度在我国国内起步较晚，尤其是作为公司内部激励机制的发展更是经历了一个曲折过程。我国员工持股制度在经历了20世纪90年代的制度规范调整后，于 2014 年开始重新启动。在深化国有企业混合所有制改革的政策推动下，员工持股计划制度作为混合所有制改革的一种重要实现形式，成为国有企业深化改革重要组成部分，员工持股计划制度的应用和研究，再一次成为理论与实务界关注的热点话题。

一直以来，学术界高度关注员工持股计划的经济后果及作用机理的研究，但是，学术界关于员工持股计划经济后果的研究得出截然不同的研究结论的情况，在国内外的文献研究中均普遍存在。从股权激励角度来看，管理层持股作为一种普遍使用的激励机制，一直存在"利益趋同假说（Convergence of interests）"和"利益侵占假说"之争。前者认为，管理层持股，在一定程度上能够缓解股东与管理层之间的利益冲突而降低代理成本，因此，管理层持股比例与公司业绩正相关；后者则认为，管理层持股不会解决代理问题，可能诱导公司高管通过盈余管理手段牟取私利而损害公司利益。在员工持股计划的研究中，也存在类似矛盾的结论。上市公司实施员工持股计划后，员工股权激励具有一定的治理效应，有助于提高上市公司业绩（胡景涛、宿涵宁、王秀玲，2020）；企业实施员工持股计划后，可通过降低融资约束和代理成本，进而抑制债务违约风险（潘亚岚、徐安民，2023）；也有学者研究发现，实施员工持股计划的管理层，通过实施正向盈余管理来提高股价，降低了财务信息质量（陈大鹏、施新政，2019），而实施员工持股计划降低了财务信息质量，进而导致审计收费提高（宋常、王丽娟 等，2020）。国有企业薪酬管制的背景之下，国有企业的股权激励兼具激励、福利和奖励三种性质的混杂，最终导致国有企业的股权激励陷入定位困境，无法发挥其应有的激励效果（辛宇、吕长江，2012）。虽然现有的文献结论不够一致，但是在国有企业全面深化改革背景下，进一步理清员工持股计划的经济后果是什么？其具体作用机理又是什么等问题，迫切需要从理论上进行探讨。

1.1.2 研究的实践背景

2013 年 11 月 12 日，党的十八届三中全会提出"允许混合所有制经济实行企业员工持股，形成资本所有者和劳动者利益共同体"的重要思想，引起了全社会的广泛关注，企业员工持股计划研究成为国有企业改革的前沿课题。2014年5月9日，国务院制定发布《国务院关于进一步促进资本市场健康发展的若干意见》明确提出，完善上市公司股权激励制度，允许上市公司按规定通过多种形式开展员工持股计划。员工持股计划作为完善上市公司股权激励制度的重要抓手，通过实施多种形式员工持股计划，有利于提高上市公司质量，对于促进我国资本市场健康发展具有重要意义。证监会于2014年6月20日发布的《关于上市公司实施员工持股计划试点的指导意见》明确指出，上市公司可以根据员工意愿实施员工持股计划，通过合法方式使员工获得本公司股票并长期持有，股份权益按约定分配给员工；并就员工持股计划的实施程序、管理模式、信息披露及内幕交易防控等问题进行了详细规定，规范和促进了上市公司顺利开展员工持股计划实践。2015年8月24日，中共中央、国务院印发了《中共中央、国务院关于深化国有企业改革的指导意见》，要求探索实行混合所有制企业员工持股，建立激励约束长效机制；优先支持人才资本和技术要素贡献占比较高的转制科研院所、高新技术企业、科技服务型企业开展员工持股试点，支持对企业经营业绩和持续发展有直接或较大影响的科研人员、经营管理人员和业务骨干等持股。

自2014年6月中国证监会发布实施《关于上市公司实施员工持股计划试点的指导意见》以来，在监管机构政策推动和规范下，我国资本市场（含沪深京交易所）的上市公司积极开展多种形式的员工持股计划，实施员工持股计划的公司数量、持股计划的规模等逐年扩大，并取得资本市场积极反馈。从2014年7月深市主板上市公司海普瑞（002399.SZ）发布第一份员工持股计划（2014年9月19日完成）以来，实施员工持股计划的公司数量从2014年的13家增加到2025年的1293家；涉及资金规模从2014年的21.17亿元增加到2025年的3066.08亿元。截止到2025年3月12日，我国资本市场即沪深京三地交易所市场，共有1293家上市公司发布实施了2262个员工持股计划（草案），涉及资金规模达到3066.08亿元。但是，近年来，频繁发生"0"元员工持股计划，是否涉及利益输送等，一直受到市场和监管机构的关注。资本市场类似事件的发生，影响了投资者对员工持股计划的信心，需要我们在员工持股计划实施的"热"潮中，保持清醒的"冷"思考。对这些问题的解答，对于引导企业认识、实施员工持股计划具有重要的现实意义。

1.1.3 问题的提出

员工持股计划通过赋予企业员工一定的股权，从而使员工享有一定的剩余收益分配权和经营决策权。作为公司内部的激励机制，更好地激励员工注重企业发展，从而有效实现了资本要素和劳动要素的有机融合和协调发展。员工持股计划是否真正起到了激励作用？影响其激励作用的机制是什么？如何科学合理地设计和规范员工持股计划以充分发挥其公司治理作用和治理机制，推动企业实现可持续发展？在国有企业混合所有制改革背景下，员工持股计划是否有效地促进了国有企业混合所有制发展？什么因素导致了学术界对员工持股计划经济后果研究产生不同的研究结论？这些问题将是本书研究的重点。

山东省作为全国第三大经济大省，具有完整的工业体系。在山东省的经济版图中，国有企业比重一直比较高。在深化国有企业混合所有制改革的背景下，激活国有企业活力，加快实现新旧动能转换，亟须系统总结当前国有企业员工持股计划实施过程的制度创新，并对改革过程中的困境和问题进行系统的研究。本书立足于我国制度背景和国有企业混合所有制改革的实践，在充分学习借鉴国内外现有研究成果的基础上，充分利用我国资本市场近十年来上市公司实施员工持股计划的样本数据，利用最新的统计分析方法，对员工持股计划的经济后果、员工持股计划的作用机理和路径等进行充分研究，以求回答上述问题。一方面，有利于进一步丰富员工持股计划的理论研究；另一方面，有利于监管机构进一步优化员工持股计划制度，引导企业积极完善企业激励约束机制，从而更好地提升企业的市场竞争力，实现高质量发展。

1.2 研究意义

1.2.1 理论意义

(1) 基于我国的制度背景，全面梳理我国员工持股计划的制度变迁和历史沿革。

不同的制度背景可能导致不同的企业行为，进而导致不同的研究结论。员工持股计划在国外已经成为比较成熟的制度，但是和国外相比，由于政策制度、资本市场环境等因素的制约，国外的制度经验不能直接照搬，必须结合我国的制度和市场环境进行具体问题具体分析。从历史和现实两个维度，全面梳理我国员工持股计划制度的历史沿革和实施现状，反思制度变革的启示，有利于正确认识我国员工持股计划制度的发展逻辑，从而为进一步深化改革、优化制度供给提供丰富的历史经验和启示。通过理解员工持股计划的制度背景差异，有助于理解把握当前国企混合所有制改革的政策逻辑，从而为加快国有企业员工持股计划制度改革提供借鉴。

(2) 多维度衡量员工持股计划的财务绩效标准，精准检验其经济后果。

综合分析现有的文献研究后发现，在研究员工持股计划的经济后果时，各学者采用的衡量财务绩效的财务标准不尽统一，导致出现不同的研究结论，在某种程度上而言，也影响了研究结论的可靠性。之所以出现上述问题，究其深层次原因，除了模型设计、样本量等因素外，主要由于模型的指标衡量出现较大的差异。本书在研究员工持股计划对企业财务绩效的影响时，对企业财务绩效的衡量标准采用多元衡量标准，既有注重短期效应的会计盈利能力指标，也兼顾了反映企业长期效应的市场价值指标。实证结果也表明，这种多维度度量财务绩效的做法，精准识别了员工持股计划的经济后果，从而为信息使用者提供更可靠的信息。

（3）为深入研究员工持股计划与企业创新绩效关系提供经验证据。

科技创新是发展的第一动力。但是，科技创新是一个投入大、周期长、结果不确定、具有较高风险的复杂过程。本书通过研究员工持股计划对企业创新绩效的影响，不仅进一步丰富了员工持股计划的经济后果研究，而且也丰富了企业创新绩效影响因素研究。通过中介效应的分析检验，证实了员工持股计划影响企业创新的作用机理，为深入研究员工持股计划的经济后果提供了经验证据。

1.2.2 实践意义

（1）对于上市公司而言，加深了对员工持股计划改革的理解与运用。

虽然员工持股计划的研究由来已久，但因政策实施时间较短等因素影响，有关国有企业员工持股计划的研究还相对匮乏。在当前国有企业全面深化改革背景下，立足我国制度背景，研究作为混合所有制重要实现形式之一的员工持股计划，将有助于上市公司加深对企业员工持股计划制度改革的理解和运用，制定科学规范的员工持股计划方案。

（2）对于监管机构而言，为完善制度和强化监管提供现实依据。

越来越多上市公司先后实施员工持股计划，全面梳理员工持股计划实施现状和特征，可以帮助监管机构了解我国员工持股计划实施的全貌。通过系统研究企业员工持股计划的制约因素和作用路径，可以为监管机构完善相关制度体系提供理论依据和实证支持，为深化国有企业改革提供借鉴和参考，顺利地推动国有企业员工持股计划的实施，进一步加快国有混合所有制改革步伐，从而提高国有企业改革效率和效果、推动国有企业健康、可持续发展。

（3）对于资本市场而言，优化投资者结构，壮大投资者队伍。

从市场实践看，员工持股计划涉及的资金规模逐年增长，已成为资本市场的重要参与者。在国家政策推动下，越来越多的员工持股计划进入市场，一方面，有利于完善资本市场投资者结构，培养壮大当前资本市场急需的长期投资者队伍；另一方面，员工持股计划的实施规模越大、数量越大，越有利于增强投资者对公司未来发展的信心，有利于资本市场健康发展。

1.3 研究目标与内容

1.3.1 研究目标

本书研究的总体目标，是在全面梳理我国企业员工持股计划制度变迁和实施现状的基础上，系统地验证混合所有制改革背景的员工持股计划的经济后果，即实施员工持股计划对企业财务绩效，以及非财务绩效的影响研究。研究的内容和结论可以为监管机构、企业优化员工持股计划制度提供经验证据，从而加快国有企业形成高效的激励约束机制、激活国有企业活力，进而实现国有企业的高质量发展。具体目标有以下几点：

（1）全面梳理我国员工持股计划制度变迁规律，分析总结员工持股计划制度变迁的逻辑，以及由此可能对企业产生的影响。

（2）基于混合所有制改革背景下，系统分析我国上市公司实施员工持股计划的特征及问题，为后续改革完善员工持股计划制度提供扎实的现实基础。

（3）结合信号传递理论、激励理论等理论分析，实证研究员工持股计划对企业创新活动的影响及其具体的作用机理，从而为完善员工持股计划制度、推动企业创新高质量发展提供经验证据。

（4）在当前深化国企改革尤其是混合所有制改革背景下，突破单纯股权激励的视角，通过山东国有上市公司——山东新华制药公司的案例研究，系统分析总结山东国有企业员工持股计划实施的制度创新经验，为山东乃至全国国有企业员工持股计划实施提供借鉴和改革经验。

1.3.2 研究内容

本书立足我国员工持股计划实施制度和实践,研究在国有企业混合所有制企业改革的背景下,企业实施员工持股计划的经济后果及其作用机理。按照"理论分析——制度背景——实证检验"的研究逻辑,综合采用多种研究方法,针对我国员工持股计划的经济后果及作用机理,从宏观和微观两个层面,开展全面系统的分析研究。通过研究,在检验员工持股计划实施效果的同时,不断改革优化员工持股计划的政策制度,以充分发挥员工持股计划的制度优势。具体研究内容可以概括为以下五个部分:

第一,关于企业员工持股计划的理论分析。本部分基于委托代理理论、公司治理理论、激励理论和人力资本理论的阐述,对员工持股计划的理论依据进行了全面分析,进一步明确了员工持股计划的理论溯源。在清晰界定股权激励、员工持股计划和混合所有制等核心概念的基础上,深入分析比较股权激励与员工持股计划的差异、中美员工持股计划的制度差异等,厘清这些核心概念边界,以更加明确研究问题。借鉴国外员工持股计划模式,结合我国的制度环境,对国有混合所有制企业员工持股计划的理论依据进行论证,为后续研究提供坚实的理论基础。

第二,关于企业员工持股计划制度背景和实施特征的分析研究。与国外发达经济体资本市场相比,我国员工持股计划制度的发展过程比较复杂,经历了一个相对曲折的改革完善过程。员工持股计划制度在国内外发展的巨大反差,深层次原因在于不同的制度背景,以及发展程度不同的资本市场等因素制约。本部分将从历史和现实两个维度,全面梳理我国员工持股计划制度的历史沿革和实施现状。通过分析员工持股计划的制度背景差异,有助于理解把握当前国企混合所有制改革的政策逻辑,从而为加快国有企业员工持股计划制度改革提供借鉴。

第三,企业员工持股计划对企业财务绩效的影响研究。本部分利用我国 A 股资本市场上市公司实施员工持股计划的数据,运用双重差分模型,进行理论分析并实证检验企业实施员工持股计划对上市公司财务绩效的影响，从而证实员工持股计划制度实施的政策效果。由于考虑到以往研究的结论差异较大。为了保证结果的严谨，在研究设计上，尤其样本量的选择、时间跨度，以及相关指标选择等方面，与以往的研究相比均有所突破。在财务业绩衡量的标准选择上，采用多元指标以细化财务业绩标准，从而更精准识别员工持股计划可能的经济后果。

第四，企业员工持股计划对企业非财务绩效的影响研究。本部分基于我国资本市场的样本数据，运用双重差分模型，进行理论分析并实证检验企业实施员工持股计划对企业创新绩效的影响，从而证实了企业实施员工持股计划的创新效应。同时，进一步研究员工持股计划影响企业创新的作用机理和路径，主要解决员工持股计划如何促进企业创新的问题，为更好地实施创新驱动发展战略、增强企业科技竞争力提供经验证据。

第五，国有企业员工持股计划实施的案例研究。本部分采用案例研究方法，聚焦企业实践的微观层面，选择山东国有上市公司——山东新华制药公司作为案例研究对象，全面深入研究混合所有制改革背景下国有企业员工持股计划实践，全面、系统分析研究员工持股计划实施的过程及经济后果。主要解决的问题就是结合微观企业实践，通过案例验证员工持股计划的经济后果。在整体把握员工持股计划总体特征基础上，有利于从微观层面全面研究持股计划方案的内容及其影响，为更多的国有企业实施员工持股计划提供借鉴。

1.4 研究思路和研究方法

1.4.1 研究思路

本书立足深化国有企业混合所有制改革的时代背景，本着"理论分析——制度背景——实证检验——研究结论"的逻辑框架，综合采用文献研究法、归纳演绎法、多元回归法等方法，对员工持股计划的研究现状、制度背景及经济后果等进行全面系统的研究。首先，对国内外有关企业员工持股计划的文献进行收集、整理、分析，形成比较系统的文献研究脉络。其次，根据理论研究和国有企业员工持股计划实施制度背景，实证研究国有企业员工持股计划的经济后及影响因素。再次，采用案例研究方法，聚焦微观企业实践，进一步检验国有企业员工持股计划研究结论。最后，为规范实施国有企业员工持股计划，提出对策建议以供参考。

具体研究技术路线如图1-1所示。

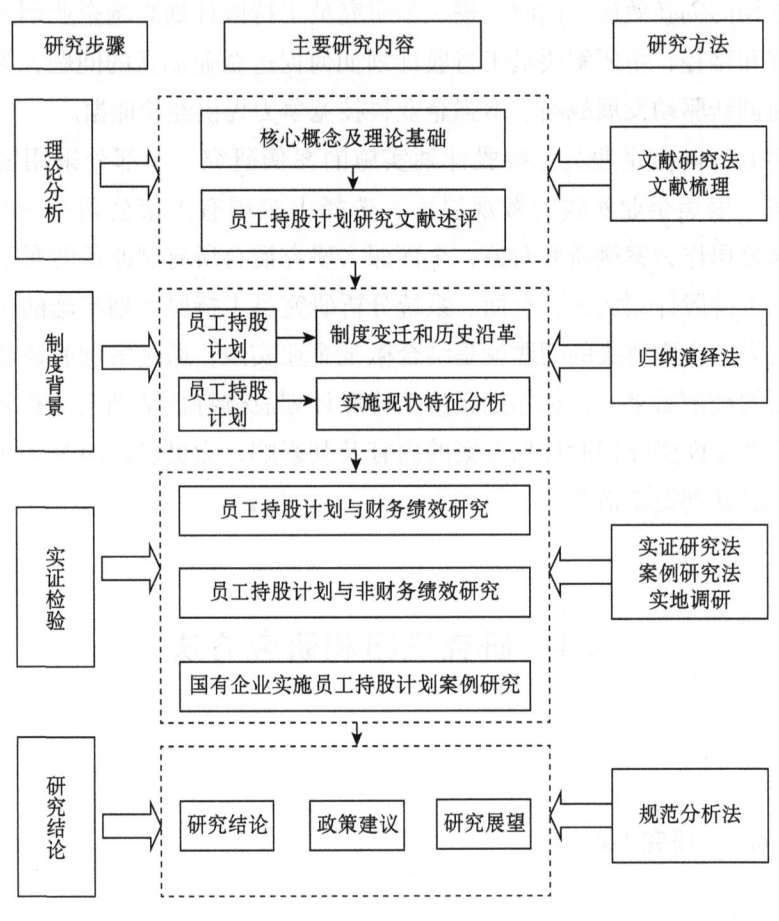

图1-1 研究技术路线

1.4.2 研究方法

为了更好地实现研究目标，在研究过程中，本书根据不同研究内容采用不同的研究方法，综合采用了文献研究法、多元回归分析法、案例研究法等方法，通过采用定量和定性相结合的方法进行了全面系统的研究。

(1) 文献研究法

文献研究法是以文献资料为核心的搜集、整理、归纳过程。本书对国内外员工持股计划研究进行了搜集、整理和分析归纳，在此基础上，结合研究目的，系统梳理了国内外有关员工持股计划的研究脉络和最新的研究进展，并对相关研究进行了系统的评述和总结。国内外学者关于员工持股计划取得的丰富成果，奠定了本书的研究基础，也基本上贯穿体现在研究的全过程。

(2) 多元回归分析法

在理论分析的基础上，通过构建理论模型，采用多元回归分析法，实证检验上市公司员工持股计划对财务绩效的影响，以及对企业创新绩效的影响。在实证检验过程中，还综合运用倾向得分匹配方法，以及双重差分法等方法进行了研究。

(3) 案例研究法

采用案例研究法，聚焦微观企业主体，以山东国有上市公司——山东新华制药公司为案例研究对象，更能全面客观研究分析案例公司实施员工持股计划的全过程。通过研究案例公司员工持股计划方案、实施过程及其经济后果，可以更加全面客观地认识混合所有制改革背景下员工持股计划实施的特征。同时，也可以更好地认识不同实施动机下，案例公司如何设计具体方案以实现预期目标。这样，可以为更多企业优化员工持股计划方案提供借鉴。

(4) 规范分析法

规范分析法主要是基于一定的主观价值判断进行分析的方法。该方法主要解决"应该是什么"的问题。在对员工持股计划进行理论分析与实证研究的基础上，通过采用规范分析法，本书对员工持股计划的研究进行了系统总结，并有针对性提出相关的政策建议。

1.5 研究创新与不足

1.5.1 研究创新

（1）在深化混合所有制企业改革中，国有企业员工持股计划的理论依据是什么？是单纯的为"混合"而实施，还是一种股权激励手段，或者两者兼有？现有的文献鲜有涉及国有企业员工持股计划实施理论依据。综合经济学、管理学和心理学等学科知识，从理论上明确了国有企业员工持股计划实施的理论依据和路径，可以更好地推动国企改革实践。在深化国有企业改革的过程中，国企不同的发展阶段具有不同战略需求和管理方案。国有企业员工持股计划实施面临制度障碍，不能"一刀切"，应该采取试点方式，紧密结合国有企业分类改革，区分不同国有企业类型，以及不同国有企业发展阶段，进而选择实施不同持股计划方案。

（2）学术界关于企业员工持股计划的研究，侧重其经济后果的评价，而忽视了员工持股计划实施过程的影响因素研究，这些因素可能影响制约员工持股计划实施的预期目标。本书结合信号传递理论、激励理论等理论分析，基于中国资本市场上市公司的数据，实证研究了员工持股计划对企业创新活动的影响。研究发现员工持股计划的创新效应，即实施员工持股计划增加企业研发支出规模，促进了企业创新活动。本书的研究深刻揭示了员工在创新中的重要作用，丰富了企业创新影响因素的理论研究，也对监管机构完善员工持股计划制度、推动企业创新高质量发展具有一定借鉴意义。

（3）本书基于员工持股计划试点以来的上市公司为样本，突破了现有研究样本数量小、范围较窄的缺陷,并综合运用双重差分法、多元回归等研究分析方法,对企业员工持股计划的经济后果及其作用机理进行系统研究。同时,采用案例研究法,聚焦微观企业主体,深刻剖析案例公司员工持股计划的实施背景、实施动因、实施过程和方案设计及其最终的实施效果。通过聚焦案例公司,进一步验证大样本实证研究结果的同时,系统研究企业实施员工持股计划可能存在的问题。

1.5.2 研究不足

本书立足我国的制度背景,围绕员工持股计划进行了初步探索研究,但是,在学术研究的浩瀚海洋里,还有诸多问题有待未来进一步研究。

(1) 在研究设计过程中,本书仅考察了员工持股计划是否实施对公司可能产生的影响。由于员工持股计划本身是一个动态的过程,涵盖锁定期和解锁期,期限较长。未来研究需要将员工计划的实施期间置于研究过程,从而从动态角度研究员工持股计划的影响。

(2) 针对不同持股计划要素内容的经济后果研究还不够深入。本书虽然基于中国资本市场上市公司的数据,实证研究了员工持股计划对企业创新活动的影响,实证结果表明了实施员工持股计划增加企业研发支出规模,促进了企业创新活动;实证检验员工持股计划通过缓解融资约束促进了企业的创新活动。但是,由于员工持股计划本身也是一个具有复杂要素内容的契约集合体,资金来源、股票来源、员工持股比例等要素内容是否影响企业创新活动?不同的要素内容是否具有相同的经济后果?这些问题还有待进行更深入的研究。

第 2 章
核心概念界定及理论基础

在全面深化国有企业混合所有制改革背景下，员工持股计划制度作为混合所有制改革的一种重要实现形式，赋予企业符合特定条件的员工有资格参与公司的员工持股计划，进而有机会作为人力资本所有者行使参与公司剩余利润分配权，在获得正常的劳动报酬外，可以获得额外资本收益。正确理解员工持股计划、股权激励、混合所有制等基本概念，全面把握这些概念的差异，都将有助于理解当前深化国有企业混合所有制改革背景下，实施员工持股计划改革的逻辑和出发点。本章从清晰界定这些核心概念的内涵出发，深刻比较概念之间的差异；同时，针对不同制度背景，对这些概念进行了系统的比较分析，从而加深不同制度背景下的概念认识。在此基础上，本章还结合公司治理理论、双因素激励等理论解释，系统阐述了上市公司实施员工持股计划的理论基础，为推动员工持股计划的实施提供了丰富的理论分析工具。本章的核心概念界定和基础理论分析，为后续研究奠定了统一的概念基础和理论分析框架。

2.1 核心概念界定

2.1.1 股权激励

根据证监会《上市公司股权激励管理办法（2025 年修正）》[①]（以下

[①] 2016 年 5 月 4 日，中国证券监督管理委员会 2016 年第 6 次主席办公会议审议通过该办法；并先后于 2018 年 8 月 15 日、2025 年 2 月 19 日进行了修正。

简称《股权激励管理办法》）的规定，股权激励是指上市公以本公司股票为标的，对其董事、高级管理人员及其他员工进行的长期性激励。股权激励通过采用股票期权、限制性股票等方式，使本公司董事、高管及其他员工获得公司股份，进而获得相应权利，并以股东的身份参与公司决策、利润分享和风险分担。作为上市公司一种激励约束机制，股权激励授予董事等人员股份，不仅有利于调动董监高等员工的积极性，进而将股东利益、公司利益与经营者个人利益有机融合，而且有利于进一步健全公司治理机制，提高上市公司质量。在现代资本市场条件下，因受到代理冲突等因素的制约影响，上市公司运营亟须完善激励约束机制。股权激励计划通过授予员工股权，可以吸引优秀人才、降低人才流失率，增强员工的认同感与归属感，从而推动企业的长期发展。良好的激励约束机制，有利于减少经营管理层的短视行为，缓解公司代理冲突，引导企业经营管理人员更加关注公司长远发展。

随着我国资本市场建设的不断完善，各项市场制度得以不断改革优化。证监会对《股权激励管理办法》进行了多次的修改完善，以进一步适应不同时期资本市场发展要求。《股权激励管理办法》详细规范了股权激励对象、股票来源、信息披露要求等，为推动上市公司顺利实施股权激励提供重要的制度保障。从《股权激励管理办法》可以看出，股权激励对象既可以是上市公司董事、高级管理人员、核心技术人员或者核心业务人员，也可以是对公司经营业绩和未来发展有直接影响的其他员工。在这些对象中，可以包括外籍员工，但不包括独立董事。由此可见，股权激励对象广泛，可以涵盖董事、高管及核心员工，均可由上市公司自行决定激励对象范围。为了防止股权激励变相成为高管人员的福利，上市公司应对董事、高级管理人员的激励对象设置涵盖公司业绩指标和激励对象个人绩效指标的考核要求。

不同的企业需要建立不同的激励机制，即使同一企业的不同发展阶段，其激励机制也因不同阶段的发展目标而表现出差异化的要求。在企业生命周期的不同阶段，股权激励机制对于处于初创期和成长期的公司更为重要。与传统的货币资金奖励相比，股权激励机制要求公司员工更加关注公司长期发展、侧重公司的长期发展利益，更注重对员工的长期激励的效果。股权激励机制将员工的个人利益与公司长远发展相结合，有利于防止经理人的短期经营行为，以及防范内部人控制等侵害股东利益的行为。除了《股权激励管理办法》明确规定的限制性股票、股票期权两种激励模式外，实践中也有企业采用了虚拟股等形式。在实践中，由于各种股票激励模式在具体的操作模式、投资者权益侧重等方面各有优缺点（见表2－1），因此，公司应结合自身发展战略、发展阶段，采用适合不同阶段要求的股权激励模式，才能达到事半功倍的激励效果。

表2－1　　　　　　　　股权激励主要模式对比

项目	限制性股份	股票期权	虚拟股	跟投
基本操作模式	激励对象若满足限制性条件，则将股份授予激励对象，否则收回或原价回购	上市公司授予激励对象在未来一定期限内以预先确定的价格和条件购买本公司一定数量股份的权利	当约定的兑现时间和条件满足时，激励对象可获得现金形式的虚拟股份在账面上的增值部分	一般用于新设立公司或项目
权益	授予后，享有相应的股东权益	行权后，享有相应的股东权益；之前只有一个承诺	可在任期内参与公司的分红并享受股价升值收益	按照跟投比例分红或者约定
优点	通过授予时附加条件，对激励对象有较强的激励和约束作用	由于企业没有现金支出，有利于企业降低激励成本	虚拟股份的发放不影响公司的总资本和股本结构激励相对较大	利润直接，增加收入
缺点	业绩目标或股价目标的科学确定比较困难	可能使激励对象过度冒险	兑现激励时现金支出压力很大	利益输送，资源倾斜，分配不均

注：《国企改革大决战：五突破一加强操作指引》，徐怀玉、应慧燕、宋蕊，企业管理出版社，2020年3月。

当然，为了保护全体股东和上市公司的合法权益，避免企业股东，尤其是中小股东利益受到侵害，监管机构应通过一系列制度来规范企业股权激励行为。为了更好地实现股权激励机制，公司实施股权激励计划一般还需要严格遵循一定的程序步骤，在严格按照程序实施股权激励计划的同时，履行相应的信息披露义务。公司实施股权激励计划，首先要明确计划目标，没有明确的目标，将直接影响计划的后续实施；其次，设计符合公司发展战略和目标的实施方案；再次，股权激励计划方案需要经过适当层级的批准程序；最后，股权激励计划方案实施。实施股权激励的上市公司，应重点关注激励政策的合规性，有效控制潜在的风险，确保激励政策真正产生预期效果。

2.1.2 员工持股计划

员工持股计划（Employee Stock Option Program），又称为员工持股制度，是企业所有者与员工分享企业所有权和未来收益权的一种制度安排。根据证监会发布实施的《关于上市公司实施员工持股计划试点的指导意见》（以下简称《指导意见》）规定，员工持股计划是上市公司根据员工意愿，通过合法方式使员工获得本公司股票并长期持有，股份权益按约定分配给员工的制度安排。在这一制度安排下，有资格的员工可获取一定比例股权，进而享有公司收益分配权。一方面，可以使职工不仅有按劳分配获取劳动报酬的权利，还能获得资本增值所带来的利益，有利于强化职工的主人翁意识，吸引和留住优秀人才；另一方面，员工持股计划可以满足公司资本需求，优化公司股权结构，提高公司治理效率。在国有企业混合所有制改革背景下，员工持股计划作为一种新型股权形式，被赋予重任，成为国有企业进行混合所有制改革的重要形式之一。在混合所有制改革中，企业符合特定条件的内部员工将会被赋予资格认购本公司一定比例的股份，并委托员工持股会等符合法律要求的机构进行专门的托管运作，并据此参与公司治理。员工持股计划的这一运作机制，不仅有利于进一步优化公司股权结构，而且有助于解决国有企业因所有权主体缺位可能带来的监督弱化、内部人控制严重等问题。

员工持股计划和股权激励作为公司实施员工激励的两种重要工具，在实践中均有广泛的应用。员工持股计划制度作为上市公司建立并完善公司的激励约束机制、吸引和保留核心管理层与核心技术（业务）骨干的制度安排，其与股权激励具有一定相似性，但在某些方面仍有较大差异（见表2-2）。

表2-2　　　　　　　股权激励计划与员工持股计划对比

项目	股权激励计划	员工持股计划
制度依据	《上市公司股权激励管理办法》	《关于上市公司实施员工持股计划试点的指导意见》
参与对象	董事、高级管理人员及其他员工。监事、独立董事除外	公司员工，包括管理层人员。独立董事除外
授予标的物	限制性股票和股票期权	股票
股票来源	向激励对象发行股份；回购本公司股份；法律、行政法规允许的其他方式。绝大部分定向增发实施股权激励	上市公司回购本公司股票；二级市场购买；认购非公开发行股票；股东自愿赠予；法律、行政法规允许的其他方式
资金来源	上市公司不得为激励对象依股权激励计划获取有关权益提供贷款及其他任何形式的财务资助，包括为其贷款提供担保	（1）员工的合法薪酬；（2）法律、行政法规允许的其他方式
认购价格	限制性股票和股票期权有明确的定价规定	无明确规定，强调风险自担原则
限售期	具有时间要求。如限制性股票授予日与首次解除限售日之间的间隔不得少于12个月	员工持股计划长期有效，每期员工持股计划的锁定期不低于12个月。但以非公开发行方式实施员工持股计划的，持股期限需不低于36个月
考核要求	激励对象为董事、高级管理人员的，上市公司应当设立绩效考核指标作为激励对象行使权益的条件。绩效考核指标应当包括公司业绩指标和激励对象个人绩效指标	未明确要求

续表

项目	股权激励计划	员工持股计划
管理方式	无硬性要求	上市公司可以自行管理本公司的员工持股计划，也可以将本公司员工持股计划委托给下列具有资产管理资质的机构管理：(1) 信托公司；(2) 保险资产管理公司；(3) 证券公司；(4) 基金管理公司；(5) 其他符合条件的资产管理机构

注：根据证监会相关制度整理。

由表2-2可知，股权激励计划与员工持股计划两者的实施初衷都是希望借助股权实现对劳动者的激励，以进一步改善公司业绩，提升公司价值。但是，两者在实施特征方面还是存在很大差异的，如股票授予对象、标的物、资金来源、认购价格及计划管理模式等方面。两种机制的出发点也截然不同，股权激励计划的实施目的在于其激励功能；而员工持股计划实施目的主要是凸显其具有的"利益共享"功能。通过实施员工持股计划，让更多员工有机会参与，有助于形成劳动者与所有者的利益共享机制，从而提高员工凝聚力，推动公司发展壮大。

从实践来看，不同制度背景下的员工持股计划，往往也具有不同的特征。以美国为例，对比分析中美有关员工持股计划制度可以看出，我国的员工持股计划制度，在制度设计的各项要素方面，如员工参与度、持股期限、税收规定等方面，均与美国具有显著差异（见表2-3）。实施员工持股计划的制度背景不同，也会导致不同背景下的持股计划具有较大差异。也就是说，不同上市公司的员工持股计划可能不同，不同国家的员工持股计划也表现出很大的差异。

表2-3　　　　　　中美员工持股计划对比

项目	美国	中国《指导意见》规定	已实施员工持股计划情况
员工参与度	一般要求所有全职员工强制性参加	员工自愿参加	平均参与度（员工持股计划参与人数占该公司员工总数的比例）为13%

续表

项目	美国	中国《指导意见》规定	已实施员工持股计划情况
持股期限要求	通常员工只有在离开公司或者退休时才能出售相应股票	持股期限不得低于12个月（以非公开发行方式作为股票来源的不得低于36个月），期满后可根据员工的意愿出售	平均锁定期为13个月（以非公开发行方式作为股票来源的平均锁定期为36个月）
持股规模	持股比例中位数为6.7%	持股比例不得超过10%	持股比例中位数为1.28%
税收规定	分别给予公司和员工相应的税收优惠	暂无相关税收优惠	暂无相关税收优惠

注：陈运佳等，上市公司为什么选择员工持股计划？——基于市值管理的证据．会计研究，2020（05）：91-103。

由表2-3可知，由于不同的制度背景，我国企业实施的员工持股计划与美国企业实施的，在员工参与度、持股期限要求、持股规模等方面都有所不同。美国的员工持股计划具有员工参与范围广泛、期限长、持股比例高等特征，并且还可以享受税收优惠政策。我国的员工持股计划则主要面向关键少数员工，持股期限更加灵活，但没有税收优惠政策。欧美国家的员工持股计划实质上是与养老金计划形成互补关系，帮助员工实现个人资产长期增长的财富管理手段（马奔、仇勇，2024），而我国的员工持股计划不是退休计划的组成部分、也没有明显的税收优惠政策支持，更不是反收购的工具，而主要是出于构建合理的激励约束机制的目的而建立（蒋运冰、苏亮瑜，2016）。因此，对比美国制度而言，我国的员工持股计划制度缺乏必要的税收政策激励。为了鼓励我国企业实施员工持股计划，未来可以考虑从税收政策方面给予支持，从而鼓励更多的上市公司、更多员工积极参与员工持股计划。

2.1.3 混合所有制

国有企业是中国国民经济的重要支柱，发挥着不可或缺的作用，但也存在着企业活力不足、资源配置效率低下、创新能力不强等问题（沈红波，2021）。由于国有企业在国民经济中的重要地位，国有企业改革一直是我国经济改革的重要内容，先后经历了放弃让利、转化经营机制、产权改革等阶段，基本贯穿了我国改革开放以来经济发展的全过程。2013年11月，党的十八届三中全会通过的《中共中央关于全面深化改革若干重大问题的决定》明确指出："国有资本、集体资本、非公有资本等交叉持股相互融合的混合所有制经济，是基本经济制度的重要形式，有利于国有资本放大功能、保值增值、提高竞争力，有利于各种所有制资本取长补短、相互促进、共同发展。允许更多国有经济和其他所有制经济发展成为混合所有制经济。"混合所有制经济包含两层含义，一是在整个国民经济的所有制结构上，形成一种以公有制经济为主体、多种所有制经济共同发展的格局；二是在企业的产权结构上，形成国有资本、集体资本和非公有资本交叉持股、相互融合的状况（黄群慧，2014）。

党的十八届三中全会开启了国企混合所有制改革的序幕，成为国企新一轮改革的重要内容。混合所有制对深化国有企业改革、提高资源的配置效率，以及提高企业竞争力具有重要作用（黄群慧，2014）。我国混合所有制改革有着深厚的理论根基，源于马克思主义产权理论思想，结合中国特色社会主义市场经济理论，旨在激发各类市场主体活力，促进资源优化配置，推动经济高质量发展（綦好东 等，2017）。在国有企业混合所有制改革的推动下，作为国有企业混合所有制的重要实现形式之一，员工持股计划制度受到前所未有的关注。党的十八届三中全会指出"允许混合所有制经济实行企业员工持股，形成资本所有者和劳动者利益共同体"的精神；国务院《关于进一步促进资本市场健康发展的若干意见》明确提出"允许上市公司按规定通过多种形式开展员工持股计划"；中共中央、国务院《关于深化国有企业改革的指导意见》更加明确指出"探索实行混合所有制企业员工持股"。在一系列政策制度的推动下，员工持股计划制度作为混合所有制改革的一种重要实现形式，成为国有企业深化改革重要内容。近几年国有企业改革的实践，尤其是员工持股计划的实施也表明，实施员工持股计划有利于增强员工凝聚力，激活国有企业活力；也有利于进一步完善国有企业的公司治理机构和现代企业制度，从而增强国有企业的市场竞争力。

2.2 理论基础

2.2.1 委托代理理论

现代企业的突出特征之一，就是企业的所有权和经营权高度分离，在这样的情况下，企业的股东往往只保留了企业最终的剩余索取权，而将与企业相关的经营权利委托给管理层等代理方，让其代为经营管理，从而形成了企业所有者（委托方）和代管者（受托方）之间的委托代理关系。而企业委托代理理论往往被视为是现代公司治理研究的逻辑起点。根据委托代理理论，企业所有者（委托人）通过契约方式聘用他人或管理层（代理人）代表履行某些职能，因此，企业股东与管理层之间形成委托代理的关系。在该种关系中，委托方关注的目标是让渡经营权以获取更多的剩余索取权，实现企业价值最大化；而代理方则仅获得个人薪金收入等个体利益最大化。双方目标的差异，必然导致双方的利益冲突，从而导致委托代理问题的产生。如果委托方不能妥善处理代理方关系，不能有效地激励与约束代理人行为，最终可能会损害委托人的利益。

为了解决委托代理双方的信息不对称及随之产生的道德风险和逆向选择等问题，委托人就需要设计一套激励约束机制，采用奖励和惩罚并用的机制，引导代理人通过实现委托人利益最大化来达成自身利益的最大化，使委托代理双方当事人的利益目标最大限度地趋于一致，进而实现"激励的相容性"。企业实施员工持股计划后，可通过赋予一定资格的员工相应的持股比例，进而吸引更多的员工参与公司治理，增强股东、管理层和员工之间的信息透明度，缓解代理冲突；同时，引导员工基于自身利益对公司信息披露等行为进行有效监督，从而也有助于提高上市公司信息披露质量，缓解代理矛盾。从信号传递理论角度看，企业员工积极参与公司员工持股计划，持有公司一定股权比例，这本身也在向市场传递公司未来前景向好的信号，从而有利于增强市场投资者的信心，提高公司市场价值。

2.2.2 公司治理理论

20世纪90年代以来，公司治理一直成为国内外理论界与实务界关注的焦点，并不断地改革完善。在现代资本市场等因素影响下，现代企业越来越呈现出股权结构分散、所有权与经营权两权分离的重要特征，在这种情形下，解决两权分离下的"代理人问题"，成为现代公司治理的焦点。在理论界与实务界推动下，有关公司治理的认识不断深化，公司治理的目标从相互制衡转向了科学决策，而实现公司治理则不仅需要一套完备有效的公司治理结构，更需要一套完善的公司治理机制。公司治理作为一种维护公司各方利益的制度安排，主要通过一套包括正式或非正式的、内部或外部的制度或机制来协调公司与所有利益相关者之间利益关系，以保证公司决策科学化（李维安，2005）。

现代公司治理主要通过一系列的内外部机制实现共同治理。其中，内部治理机制核心主要涉及股东会、董事会、监事会和经理层之间的权力分配和制衡，具体涵盖了公司决策机制、监督机制和激励机制。其中，激励机制主要解决委托人与代理人之间的代理成本（包括代理人道德风险成本），最终实现股东与经营者"双赢"的利益格局。外部治理机制则涵盖法律法规以及外部市场机制等，其中，市场机制主要表现为公司外部的产品市场、资本市场、经理人市场等，这些外部机制的规范、竞争也形成对公司的约束和激励。公司治理不仅要维护股东的利益，还要尊重和保护其他利益相关者的权益。这些利益相关者包括债权人、职工、供应商、顾客、银行和其他贷款人、政府政策管理者、环境和整个社区等。因此，公司治理作为一项制度安排，其本身就是一个复杂的系统工程，需要各个方面的共同努力和配合。

2.2.3 双因素激励理论

根据管理学理论，人的行为在特定情形下是可以调解和激励的。激励就是组织诱发个体产生某种需要的动机，进而促使个体行为与组织目标趋同的管理过程。为了实现特定目标而去影响个体的内在需要或动机，从而强化、引导或改变人们行为的持续过程，这些都建立在对人的行为和规律正确认识的基础上，也就是说，科学的激励必须符合人的行为规律和人性假设。为了更好地发挥激励个体的效能，现代管理学对个体的认识产生了不同的观点理论，即经济人假设（X 理论）、社会人假设（人际关系理论）、自我实现人假设（Y 理论）和复杂人假设（超 Y 理论）。其中，超 Y 理论认为，个体的需要具有差异性，组织的方式、控制程度等都应该有所差异，只有与个体需求差异相结合，才能更好地发挥激励的作用。

双因素理论作为激励理论中的行为基础理论，主要研究个体的需要，即什么因素激发了人的积极性。20 世纪 50 年代，美国心理学家赫茨伯格认为，影响员工行为的因素主要有保健因素和激励因素两种。前者主要是导致个体不满意的因素，往往属于企业工作环境、劳动保护等工作环境或外界因素；后者主要是使个体满意的因素，典型的激励因素有工作成就、因工作而获得奖励等工作本身或工作内容。根据双因素理论，企业应该在不断提高个体满意程度的同时，探索如何通过激励要素最大限度调动个体的积极性。上市公司实施员工持股计划之前，公司员工获取回报的方式主要是付出劳动而获得的工资回报，工资金额是确定的并且有相对固定的标准。对于关键岗位或者具有突出技能的核心员工而言，单纯工资的回报方式，容易挫伤其工作积极性，导致"搭便车"等行为发生，从而可能影响公司创新水平和生产效率。员工持股计划通过授予具有一定资格的员工相应比例的股份，使这部分公司员工在获得正常的劳动报酬外，获得公司股票未来可能带来的升值收益。因此，员工持股计划通过利益绑定和利润分享，同时满足保健因素和激励因素的制度安排，打破员工薪酬的刚性约束，调动员工的积极性和创造性，有利于吸引并留住优秀员工以创造更高的企业价值。

2.2.4 人力资本理论

1960年，美国经济学家舒尔茨（Theodore W. Schultz）第一次对人力资本理论进行了系统阐述，被称为"人力资本之父"。舒尔茨认为，人力资本是由知识、技能和体力构成的资本，其核心是智力（包括知识、创造力和创新力等），通过人力资源投资而体现在劳动者身上；人的知识等人力资本的提高对经济增长的贡献比物质等数量的增加更重要。贝克尔则认为，人力资本是通过人力投资形成的，是人们在教育、培训等方面的投资而形成的资本。人力资本理论突破了物质资本的限制，将资本进一步区分为人力资本和物质资本两大类，凸显了人的知识和技术在经济发展中的重要作用，这一理论创新让社会高度重视加强科技教育和人才培养对实现经济发展的重要性。

现代企业经营离不开物质资本和人力资本，两者都是不可或缺的。随着科技竞争的日趋激烈，在一些行业和领域，物质资本和人力资本的地位正发生转变，人力资本的重要性甚至超过物质资本。在这样的背景下，员工拥有的人力资本和企业所有者拥有的物质资本共同为企业创造价值，因此，员工也有权参与公司剩余收益的分配。在实施员工持股计划的企业，参与计划的员工有机会同时具有劳动者和所有者的双重身份，在获得日常工资报酬的同时，还可以凭借持有的股权获得资本升值收益；而公司所有者也可通过员工持股计划，让渡部分收益来吸引高素质员工为公司创造更高的人力资本价值。

人力资本之所以能够创造独特价值，是由于人力资本具有不同于物质资本的特质。一方面，人力资本具有产权、价值、投资和组织特征。其稀缺性、不可替代性已成为企业在激励市场竞争中保持持续竞争优势的源泉，为企业持续创造竞争优势。从产权角度来看，人力资本具有一般物质资本的排他性、可交易性和收益性等特征，一个主体一旦拥有了人力资本，就具有了人力资本的所有权、占有权、使用权和支配权，就可以凭借该产权获取自身经济收益的最大化。人力资本的价值性主要表现在其可增值性上，人力资本可通过实践中的知识学习和经验积累，不断提高生产效率和效益。人力资本像物质资本一样需要投资，也就是要不断加大教育、培训等方面的投入，才能保持人力资本的价值性，否则，其很难适应经济的发展要求。另一方面，人力资本还具有专用性和能动性特征。著名经济学家威廉姆森（Oliver Williamson）将资产专用性细分为地理区位专用性、物质资本专用性和人力资本专用性三大类。具有专用性的人力资本会给企业带来独特价值；而人力资本的能动性，则表现为物质资本、货币资本价值量的实现和创造必须通过人力资本的操作，并且人力资本可以创造出超出自身价值量的经济效益。

2.3 本章小结

本章在清晰界定股权激励、员工持股计划和混合所有制等核心概念的基础上，深入分析比较了股权激励与员工持股计划的差异、中美员工持股计划的制度差异等，厘清了这些核心概念边界，以更加明确研究问题。同时，结合委托代理理论、公司治理理论、激励理论和人力资本理论的阐述，对员工持股计划的理论依据进行了全面分析，进一步明确了员工持股计划的理论溯源。相关概念的界定和理论分析，不仅有助于理解员工持股计划的制度背景差异，而且有助于理解当前国企混合所有制改革的政策逻辑，进而形成推动国企改革的共识和凝聚力，增强国有企业竞争力。

员工持股计划研究的文献述评

员工持股计划作为国有企业混合所有制改革的重要实现形式之一,已成为新时期国有企业深化改革、激发企业活力的重要制度抓手。随着越来越多的上市公司、国有企业实施员工持股计划,这一制度研究受到了国内理论与实务界的关注,并取得一系列丰富的研究成果,有力地推动了员工持股计划制度的改革和完善。本章在全面梳理国内外有关员工持股计划研究的文献基础上,总结现有的研究成果,厘清研究脉络和进展,从而更好地明确未来研究突破的重点。

3.1 员工持股计划的相关研究

3.1.1 员工持股计划的实施动因研究

在员工持股计划实施动因方面,现有研究主要归类为激励动因和非激励动因。激励动因主要表现在,通过员工持股计划可以使员工有机会长期持有本公司股票,缓解原股东与员工的利益冲突,使员工与股东利益目标一致,从而提高员工工作积极性,有助于提高企业价值。非激励动因则表现为员工持股计划的实施基于特定制度和环境考虑,如缓解资金压力、融资约束、市值管理及抵制恶意收购等。Klein(1987)研究认为,当员工持股计划为员工提供了实质性的经济利益、公司保持广泛的员工持股计划时，公司员工持股计划的平均满意度和组织承诺较高，公司平均离职意愿较低。Beatty（1995）认为，投资者期望员工持股计划能够通过节省税收来增加现金流，并在宣布员工持股计划时降低公司被收购的可能性。这表明员工持股计划具有避税动机。Pugh（2000）认为，员工持股计划虽然长期以来被视为一种激励工具，但是越来越多的员工持股计划被用作收购防御的一部分。研究发现，虽然很少有证据支持其激励假说，但是公司财务绩效的一些指标（股本回报率、资产回报率、净利润率）在短期内确实显著改善，并且长期效应不显著。Kurtulus（2018）发现，即使面临经济整体的负冲击（失业率上升、就业与人口比率下降）和企业特定的负冲击（企业销售额下降，企业股价下跌），实施员工持股计划的公司依然表现出更大的就业稳定性。孙即、张望军、周易（2017）研究发现，企业实施员工持股计划具有信号传递和融资约束两个动机。宋芳秀、柳林（2018）通过分析人力资本、委托代理和融资约束等因素影响，研究发现业绩成长性较好、高技术人员占比较高和管理层持股比例较高的上市公司，更倾向于实施员工持股计划。戴璐、林黛西（2018）研究发现，实施计划前公司的盈余管理程度越高，则高管认购比例越高，高管会继续盈余管理以谋求利益最大化。陈运佳、吕长江等（2020）研究认为，上市公司出于市值管理动机而实施员工持股计划，即公司在发生股价崩盘后更倾向于推出员工持股计划，且当大股东股权被质押时和大股东减持前，股价崩盘对公司推出员工持股计划倾向的影响更明显。郑志刚、张浩、黄继承（2021）研究认为，在控股股东股权质押的上市公司，更有可能实施员工持股计划，从而有利于控股股东达到提升股价、防范控制权转移的目的。马巾英、左佳红（2022）研究发现，在控股股东股权质押的上市公司，实施员工持股计划具有降低平仓风险和促进公司创新的动机。白雨凡、乔慧颖、罗宏（2024）研究发现，工业机器人应用程度的深化，企业越来越倾向于采取员工持股计划，员工持股比例更高、锁定期更长且覆盖员工数更广。江笑云、宋尚彬、邱洁等（2024）研究税收政策对员工持股计划的影响，研究发现，人力资本税收激励政策与员工持股计划实施概率提升具有显著关系，员工持股计划作为降低员工流失率、激发员工积极性的重要机制，在竞争性行业、金融化程度低、处在数字普惠金融发展程度高的地区和人力资源供应多的地区，税收对企业实施实施员工持股计划具有更强的促进作用。

3.1.2 员工持股计划的公司治理效应研究

Bova（2015）通过研究员工所有权在塑造管理层向市场披露信息的激励方面的作用，认为当员工拥有议价能力时，员工所有权与自愿披露之间存在正相关关系，也就是说，通过提高公司对投资者和其他利益相关者的透明度，员工持股可能在改善公司治理方面发挥作用。Babenko（2016）通过使用员工股票购买计划（ESPPs）的新数据，发现低级别员工购买公司股票的总量可以预测未来的股票回报，这表明对于信息不对称程度高的企业，ESPPs 购买与未来股票收益之间的关系更强，并且还发现高 ESPP 购买与连续盈利增长中断的可能性较低，以及未来更高的销售增长和更多的创新有关。这些发现支持了低级别员工掌握公司未来绩效信息的假设。张永冀、吕彤彤、苏治（2019）研究发现，员工持股计划有利于优化公司治理，提高公司治理水平。具体而言，在高管权力较弱或成长性较低的公司，员工持股计划显著增强了我国上市公司员工薪酬－业绩敏感性与薪酬黏性，显著缩小了高管－员工薪酬黏性差距，有效缓解了公司内部薪酬分配规则的不公平问题；员工持股计划提高了员工的股东身份认同感，增强了员工在薪酬谈判中的议价能力，有助于减少高管的自利操纵行为。胡景涛、宿涵宁、王秀玲（2020）研究认为，上市公司实施员工持股计划后，员工股权激励具有一定的治理效应，尤其在高管股权激励作用不确定情况下，员工股权激励具有一定补充作用。单蒙蒙、但菊香等（2021）研究认为，在企业信息透明度较低的内部治理环境中，以及公司内部控制机制存在不足时，员工持股计划有助于改善公司内部治理机制，从而提高风险应对能力；而在市场化程度越高的地区，较好的外部治理环境则有助于员工持股计划进一步发挥监督和激励作用。在影响内部控制有效性方面，王烨、孙娅妮、孙慧倩（2021）认为，员工持股计划通过强化内部监督、改进信息与沟通，以及优化控制活动来提升内部控制有效性。张学志、李灿权、周梓洵（2022）研究发现，企业实施员工持股计划，增强了员工内部监督的意愿和能力，提高了内部控制水平、减少了高级管理人员的机会主义行为，对抑制企业的信息披露违规和经营违规行为具有治理效应。潘亚岚、徐安民（2023）认为，从信号传递和内部治理角度看，员工持股计划通过降低融资约束和代理成本抑制企业债务违约风险，并且员工持股计划的这一功能在非国有企业和低市场化的环境中效果更显著。徐焱军、熊艳、林子昂（2023）研究发现，实施员工持股计划缓解了企业融资约束，进而提高企业的社会责任承担，在高质量发展的时代背景下，在某种程度上有利于推动经济社会可持续发展。马超、罗连化、赵海珠（2024）研究认为，员工持股计划中的员工持股比例超过一定水平后，有利于强化员工的监督动机、提高监督能力，能够有效抑制企业高管的在职消费，从而形成约束企业高管自利行为的有效的公司治理机制。

3.1.3　员工持股计划的创新效应研究

一是员工持股计划促进企业创新绩效方面。黄萍萍等（2018）、黄运旭（2019）研究认为，员工持股计划对企业创新具有正向影响，但是国有企业和民营企业影响效果不同。周冬华、曹玉珊、陈力维（2019）认为，实施员工持股计划的企业更可能实现有效创新，企业拥有的人才专业性会强化实施员工持股计划与企业有效创新之间的正相关关系，技术人员人才专业性和高级管理人员人才专业性均会强化员工持股计划的创新效应，且两者之间呈互补关系。黄佳、赵玉洁（2019）研究发现，实施了员工持股计划的上市公司创新产出更高；员工持股计划主要通过降低代理成本、提高企业风险承担能力来促进企业创新。综上所述，虽然有许多学者认为员工持股计划与企业创新具有显著的正相关关系，但是，具体影响程度却有不同结论。李韵、丁林峰（2020）发现，员工持股计划具有显著的创新激励效果，但对企业的创新影响并不是线性增加，而是呈现出"U"形的累积效应关系。刘丽辉、孙丹、刘睿（2021）研究认为，虽然员工持股计划能够促进企业创新产出，但是该促进作用具有一定的滞后性和持续性。竺李乐、李雪、毛毅翀（2023）基于制度创新与技术创新的协同视角，结合公司治理的理论框架，研究发现，国有企业实施员工持股计划对提高企业整体创新产出和利用式创新产出具有显著效果，但是对提升企业探索式创新产出影响不显著。在高技术型和高学历员工占比较高的国有企业中优先实施员工持股计划，进一步优化持股计划的方案设计，有利于更好地发挥各类员工的创新主体功能。

二是员工持股计划影响创新的具体机制方面。陈效东（2017）发现，核心员工持股通过缩小核心员工与高管人员之间的薪酬差距，降低了高管人员与核心员工之间的代理成本，提高了企业的创新能力。孟庆斌、李昕宇、张鹏（2019）研究认为，员工持股计划发挥"利益绑定"功能，提升了员工在创新过程中的个人努力、团队协作和稳定性，提高了创新效率。黄萍萍、焦跃华（2019）实证研究发现，实施员工持股计划的企业具有更高的创新产出，而中介效应检验发现，实施员工持股计划后可以提高管理层创新意愿，进而促进创新投入。刘丽辉、孙丹、刘睿（2021）研究认为，降低代理成本是员工持股计划促进企业创新的路径之一。洪峰（2021）在对比中美员工持股计划的差异后，研究了不同类型的员工持股计划的契约特征，即治理型、激励型与绑定型三类员工持股计划对企业创新的影响，研究发现，三种类型的持股计划中，绑定型计划对提高企业的创新产出的作用最显著，其次是激励型计划；两者的作用机制也不尽相同，前者主要通过降低员工流失率从而提升高管的风险承担水平，而后者则主要通过激励员工增加创新活动投入发生作用。杜永奎、刘瑞泽（2022）认为，员工持股计划通过缓解融资约束来推动企业自主创新；非国有企业比国有企业的自主创新更具有激励效应。钟凤英、冷冰洁（2022）研究发现，内部控制在员工持股计划和创新绩效之间发挥部分中介效应。苏昕、王立民、刘昊龙（2022）认为，员工持股计划通过"治理效应"和"激励效应"有效改善上市公司绩效，进而对实体企业成长产生积极推动作用。于培友、戴辉、宋翔宇（2022）研究发现，实施员工持股计划能够提高企业创新效率，且多次实施员工持股计划则更能提高企业创新效率；而在具体路径上，员工持股计划通过提高分析师关注度，进而促进企业创新效率的提高。

科技创新是经济发展的重要基础力量，也是世界各国激烈竞争的重要领域。员工持股计划的实施，有利于提高员工积极性，鼓励更多核心岗位或者关键岗位的员工更加主动提升工作业绩。根据人力资本理论，人力资本自身可以创造出远超其自身价值的经济价值。员工持股计划（ESOP）对企业创新具有积极影响，并且员工在企业创新中具有重要作用；有关员工持股计划作用机理研究，进一步丰富了企业创新影响因素研究，不仅为混合所有制企业实施员工持股计划提供了理论依据和经验证据，而且有利于进一步明确完善员工持股计划方案的思路，从而发挥员工持股计划的制度优势、推动企业高质量发展。

3.1.4 员工持股计划的财务绩效研究

Gordon（1990）研究了员工持股计划（ESOPs）对股东财富的影响，研究发现，存在收购活动的情况下建立的员工持股计划会使股票价值平均减少约4%；如果员工持股计划的结构是将控制权从外部股东手中转移出去，也会降低股票价值；但是，以无表决权股票建立的大型员工持股计划，为了防止任何直接的控制权转移，会导致股票价值的显著增加。也就是说，不同的员工持股计划可能引起特定目的而导致不同的财富效应结果。Jones（1995）研究认为，日本公司实施员工持股计划，增强了企业的生产力效应。O'Boyle（2016）研究发现，员工持股与企业绩效之间的关系虽小，但呈显著正相关，随着时间的推移，员工所有权对绩效的影响有所增加，而且来自美国以外的样本的研究报告的影响要强于美国国内的样本。Guery（2015）认为，员工持股计划（ESO）可以解决劳动力流动性消除培训投资价值的风险。Fang和Nofsinger（2015）研究认为，企业通过员工股票期权计划对员工进行激励可以提高公司绩效。Blasi和Freeman（2016）发现，使用团体激励（广义员工持股制、利润分享和股票期权）

的公司的员工会得到更多的报酬，集体奖励工资与赋予员工权力和创造积极工作场所文化的政策相结合，减少了自愿离职，并提高了股权回报率。Richter（2017）通过调查员工持股对公司绩效的三个替代指标的影响，研究发现，实施员工持股的企业资本市场绩效和会计绩效水平显著高于未实施员工持股的企业，但是，随着员工持股比例升高，其边际效应逐渐减弱。但是，员工持股对生产率没有明显的影响；随着时间的推移，公司内部员工持股比例的变化对绩效几乎没有影响。Bryson（2019）认为，员工股份购买计划为购买股票的员工提供免费或打折的股票，希望更多的股份所有权能够留住员工，建立忠诚度并提高生产率。参与员工持股计划的员工比其他人有更低的离职率和更少的在职寻找；同时也要以更大的工作努力、更长的工作时间和更低的缺勤率来回应集体的所有权激励。在员工持股计划参与率高的公司，员工还更有可能对偷懒者进行干预。Kruse（2022）认为，员工持股通常会增加养老金和整体财富，员工持股所有者表现出更高的风险承受能力和财务知识，对多元化的价值有更深刻的理解。Waseem（2022）研究了员工持股对公司资本成本的影响，采用员工持股计划最大限度地减少公司内部的代理冲突，降低了公司的资本成本。章卫东等（2016）研究发现，上市公司公告员工持股计划后，股东将获得正的累计超额收益率；蒋运冰、苏亮瑜（2016），王砾、代昀昊等（2017），李兴玉、罗津、罗守贵（2017）等研究发现，员工持股计划本身的价值能增加股东财富，员工持股计划对企业员工具有正向的激励效应。戴进、孙谦（2022）从债权人的视角研究发现，实施员工持股计划可以降低上市公司的债务融资成本；高持股比例和有杠杆型的员工持股计划在降低成本方面的效果更显著，并且管理层的持股比例增加的边际效用强于普通员工持股比例。翟淑萍、毛文霞、刘梦晨（2022）研究发现，实施员工持股计划能显著降低企业股价大幅下跌风险。员工持股计划通过提升企业信息透明度、缓解企业双重委托代理成本，减少坏消息的产生和隐藏，进而降低股价大幅下跌风险。当员工认购股票的资金源于自有资金，认购的股票为非公开发行，以及在劳动密集度更高的企业，实施员工持股计划对股价大幅下跌风险的抑制作用更强。李姝、金振、谢雁翔（2022）则基于企业差异化的实施动因和环境,从全要素生产率的视角研究发现,员工持股计划会显著提高公司的全要素生产率,且这一正向关系仅在非股权质押的企业中显著;从不同的实施环境看,员工持股计划提升作用在代理问题严重,且员工薪酬水平较低的企业中效果更显著。任灿灿、郭泽光、田智文(2021)基于信任理论和共生治理理论的研究发现,实施员工持股计划对降低上市公司的金融化水平具有显著的作用,有助于抑制企业脱实向虚、缓解实际金融化与最优金融化的偏离程度,该作用在非国有企业中尤其显著;正是由于员工持股计划增强了企业对员工人力资本的依赖,提高员工参与公司治理的积极性,从而有利于抑制脱实向虚。陈菊花、陈雪雁(2017)研究发现,在短期和中期内,员工持股计划能有效提高企业业绩;但是在长期中,员工持股计划与企业业绩关系不显著。

3.1.5　员工持股计划的消极影响研究

Benmelech(2010)认为,在信息不对称的动态理性预期模型中,股票薪酬不仅会诱导经理人付出昂贵的努力,还会诱导他们隐瞒有关未来增长期权的坏消息,并选择次优投资政策来支持这种伪装,导致了严重的高估和随后的股价暴跌。Poulain(2013)用163家法国公司的样本,研究了员工持股对股东和利益相关者价值创造的影响。但结果表明,员工持股计划对股东或利益相关者的价值创造没有影响。Kim(2014)研究认为,公司实施的员工持股计划目的多元,并不仅是为激励目的而实施的,可能也出于用员工股份代替工资来节省现金,以及形成工人－管理层联盟来阻止收购要约等目的;另外,研究还发现,员工规模适中的公司授予的少于5%股份的员工持股计划,扩大了经济蛋糕,对员工和股东都有利;但是,当员工过多而无法减少搭便车现象时,这种效应就会减弱。陈大鹏、施新政等(2019)认为,实施员工持股计划的公司,管理层有正向盈余管理以提高公司股价,从而降低了财务信息质量。宋常、王丽娟等(2020)通过研究员工持股计划与审计收费的关系发现,员工持股计划的实施降低了财务信息质量,从而导致审计收费的提高。俞梦婷、刘梅娟(2022)通过案例研究发现，员工持股计划虽然有抵御外部入侵、加强内部控制的作用，但是其并不能发挥良好的激励效果，甚至可能造成激励扭曲。王生年、韩文静（2023）研究发现，员工持股规模并不是越大越好，其与股票错误定价呈U形关系。陈永丽、张蕊婷（2023）研究认为，实施员工持股计划没有实现抑制企业非效率投资的理想效果，反而加剧了企业的过度投资，对投资不足的正向影响并不显著。郭范勇、彭嘉欣（2024）研究发现，我国上市公司推行的员工持股计划并未实质性贡献于企业绩效改善，员工持股计划未能促进公司全要素生产率的提升，反而成为大股东减持股份、公司过度投资的策略性工具。马奔、仇勇（2024）研究发现，由于部分员工持股计划沦为变相的高管绩效式激励工具，以及员工的合谋掩饰行为，上市公司在员工持股计划持续期内发生不当行为的概率更高，上市公司可能利用这一激励工具达成不可告人的目的。

3.1.6　员工持股计划的影响因素研究

Kim和Ouimet（2014）研究发现，员工持股计划激励效应的大小，取决于持有股票的职工比例大小。Bryson（2014）研究认为，以补贴价格购买股票的工人比不加入该计划的工人工作更长时间，辞职和旷工率更低。Chang和Fu（2015）认为，员工股票期权主要通过风险激励来促进创新，而不是通过股票期权产生的基于绩效的激励。Mullins（2018）以家族企业为异质视角，探讨不同家族控制强化机制对家族企业广泛使用员工持股计划的影响。呼建光、毛志宏（2016）认为，新时期员工持股计划对于改善公司治理水平，通过资本市场实现社会资金的优化配置具有重要意义。员工持股计划虽然能够实现员工收益和公司价值的共同增长，但在员工持股比例较高和非管理层持股比例较高的情况下，市场并未给予更高的回应；而投资者对于股票来源不同的员工持股计划有着理性的认知。蒋运冰、苏亮瑜（2016）研究发现，员工持股计划的公告虽然具有短期财富效应，但股份占比、参与人员比例、高管参与度和资金杠杆等要素，与其财富效应敏感性不显著；而诸如保底条款和业绩考核条款等利于增强激励的因素则是财富效应的重要因素。江笑云、宋尚彬、邸洁等（2024）研究发现，人力资本税收激励政策显著提高了企业实施员工持股计划的概率，平均增加3.49个百分点。降低员工流失率、激发员工积极性是企业增加人力资本投资后实施员工持股计划的重要机制。

3.2 混合所有制改革与员工持股计划的相关研究

党的十八届三中全会提出"积极发展混合所有制经济"，并"允许混合所有制经济实行企业员工持股，形成资本所有者和劳动者利益共同体"。《中共中央、国务院关于深化国有企业改革的指导意见》明确提出"探索实行混合所有制企业员工持股"。在这样的时代背景下，理论与实务界围绕混合所有制改革及员工持股制度进行了广泛的讨论研究。黄群慧、余菁等（2014）深刻分析了员工持股的理论基础，系统研究我国员工持股实践过程中暴露出的问题，认为主要集中在制度设计层面，以及与其他关联制度的兼容性和一致性；另外，制度执行层面如企业对制度的理解、操纵，以及外部监督机制等，也会影响到员工持股实践的顺利实施。王在全（2015）认为，员工持股作为现代企业的一项重要制度，对提高企业经营效率等具有积极意义，但是也存在内部人控制等问题，应该做好顶层设计，完善法律制度体系并给予税收等政策支持。蒋建湘（2016）认为，完善有关员工持股制度的法律制度，才能更好地推动落实员工持股计划这一混合所有制改革的重要实现形式；完善相关法律制度保障其权利；通过提供政策优惠等方式予以激励。廖红伟、杨良平（2017）结合交易成本理论，在国有企业混和所有制改革的背景下，从员工持股的原则、适用范围、适用对象、管理机构等方面全面探讨了优化员工持股制度的设计构想，从而降低节约交易成本。刘泉红、刘汝晗（2017）以中国联通的混合所有制改革为例，研究了联通混合所有制改革中员工持股计划的影响，研究发现联通实施的核心员工限制性股票期权激励计划的激励效果明显。王烨、周政（2017）采用案例方法，通过对五粮液公司的案例研究发现，五粮液公司实施员工持股计划具有短期福利性质。李红娟、张晓（2017）系统分析了江苏、江西两省典型的国企混合所有制改革员工持股案例，总结国企混合所有制改革中员工持股计划实施的经验，并指出拟待解决的问题，提出应完善配套制度、建立容错纠错机制，稳妥审慎地推进改革。李姝、金振、谢雁翔（2022）针对员工持股计划的经济后果进行了研究，研究发现员工持股计划与混合所有制改革可以在实践中发挥协同作用，有利于共同提高企业生产效率。

3.3 研究述评

员工持股计划作为一种利润分享和股权激励的重要形式，一直是理论与实务界关注的热点话题。国内外学术界围绕员工持股计划的实施动因、经济后果及其影响因素等方面研究取得了丰硕的成果，有力地推动了员工持股计划的理论研究和实践应用。在企业员工持股计划实施动因方面，研究发现上市公司实施持股计划主要有激励动因和非激励动因两大类，国内研究则更多侧重于激励、市值管理的动因研究。在经济后果研究方面，实施员工持股计划对于公司治理效率、创新绩效、财务绩效具有积极推动作用，并广泛探讨了员工持股计划产生这些经济后果的作用机理和路径。另外，也有一定数量的文献研究并不支持上述研究结果，认为实施员工持股计划可能带来消极影响和后果。有研究发现，实施员工持股计划并未实质性改善企业财务绩效；可能会因管理层盈余管理等因素降低财务信息质量；也可能加剧企业的过度投资，导致投资效率不高。学术界关于员工持股计划经济后果的研究得出截然不同的研究结论，在国内外的文献研究中均普遍存在。究其深层次原因，除了因国内外制度背景及资本市场发展程度不同导致的差异外，不同上市公司实施员工持股计划的动机不同也会导致产生不同的经济后果，甚至截然不同的经济效果。

综观国内现有文献研究，国内学者更多关注上市公司员工持股计划的经济后果研究，在不同时期表现出不同的研究热点。随着国企改革的深入和改革的不同阶段表现出不同的关注点，从关注员工持股计划实施的市场反映研究，逐步扩展到国有企业持股计划实施研究，以及员工持股计划的创新效应研究。现有的研究虽然都侧重员工持股计划的经济后果研究，但是现有的文献结论也不够一致。我国上市公司实施员工持股计划可能存在复杂的动机，不同的上市公司可能表现出不同的动机和倾向。国有企业薪酬管制的背景之下，国有企业的股权激励兼具激励、福利和奖励三种性质的混杂，最终导致国有企业的股权激励陷入定位困境，无法发挥其应有的激励效果（辛宇、吕长江，2012）。

在国有企业全面深化改革背景下，作为混合所有制改革的重要方式，员工持股计划的实施是否实现其预期目标？影响该预期目标实现的关键影响因素或者作用路径是什么？什么因素导致了学术界对员工持股计划经济后果研究产生不同的研究结论？在充分学习借鉴国内外现有研究成果的基础上，本书试图充分利用我国资本市场近十年来上市公司实施员工持股计划的样本数据，利用最新的统计分析方法，对员工持股计划的经济后果、员工持股计划的作用机理和路径等进行充分研究，以求回答上述问题。本书立足于我国制度背景和国有企业混合所有制改革的现实实践，客观分析研究员工持股计划的经济后果及其影响因素，一方面，有利于进一步丰富员工持股计划的理论研究；另一方面，有利于监管机构进一步优化员工持股计划制度，引导企业积极完善企业激励约束机制，从而更好地提升企业的市场竞争力、实现高质量发展。

第4章
员工持股计划的制度背景和实施现状

4.1 引言

在新时期深化国有企业混合所有制改革进程中，员工持股计划制度（ESOP）作为实现国有企业混合所有制改革的一种实现形式，一直以来受到了监管机构、企业和社会公众的高度关注。在实践中，越来越多的企业通过实施员工持股计划，不仅完善了公司股权激励制度、增强了员工凝聚力，而且进一步推动了公司治理结构的完善、提高了上市公司质量。经过多年的实践，在国外发达经济体资本市场中，员工持股计划制度已经发展为比较成熟的激励制度。相比较而言，员工持股计划制度在我国的发展起步也比较早，但是发展过程比较复杂，先后经历了一个相对曲折的改革完善过程。员工持股计划制度在国内外发展的巨大反差，其深层次原因在于不同的制度背景，以及发展程度不同的资本市场等因素制约。全面系统梳理我国员工持股计划的制度背景，有利于全面客观认识我国员工持股计划制度的发展历史，从而为进一步深化改革、优化制度供给提供坚实的理论依据；也有利于正确认识评价员工持股计划制度对企业发展的重要意义。

本部分将从历史和现实两个维度，全面梳理我国员工持股计划制度的历史沿革和实施现状。一方面，从历史维度全面梳理员工持股计划的历史沿革，全面把握我国员工持股计划制度变迁的过程和动因；另一方面，从现实角度，在混合所有制改革背景下，全面认识我国员工持股计划实施进展和实施特征，从而为加快国有企业员工持股计划制度改革提供借鉴。

4.2 我国员工持股计划的制度背景和历史沿革

4.2.1 员工持股制度的早期探索

员工持股制度在我国发展起步较早，但是我国早期的员工持股制度是伴随着国有企业改革和股份制改革而逐渐形成的一种制度安排，主要服务于早期国有企业股权结构的多样化，还不是现在意义上的作为一种股权激励的制度安排。自20世纪80年代，伴随着国有企业股份制改革，我国员工持股制度既因该制度的先进性而在国有企业中广泛兴起，又因操作不规范导致内部人控制和短期套利等行为而被数度叫停（廖红伟、杨良平，2017）。在20世纪90年代，随着国有企业改革的不断深化，国有企业探索出了多种形式的员工持股模式，先后出现"参与国有企业股份制改造"形式的员工持股（比较有代表性的如1992年山东诸城模式、1993年年底的超范围发行员工股）、"承接国有资本退出"形式的管理层持股（管理层MBO）、"员工福利型"的全员持股（杨华领，2018）。这些早期形式的员工持股制度，虽然存续时间不长，但无疑为后续员工持股制度的完善积累了经验，也为后续的制度变革奠定了基础。早期随着国企改革而进行的员工持股的制度改革，主要目的还停留在为早期国企改革纾困的目标上。员工持股制度作为新生事物，同时叠加各项配套制度的不完备等因素，在早期的国企改革实践中面临较大的挑战。

4.2.2 股权激励下的员工持股制度的规范发展

随着我国上市公司股权分置改革，上市公司员工持股制度在变革中规范发展。为了大力发展我国资本市场、完善社会主义市场经济体制，国务院于2004年1月印发《关于推进资本市场改革开放和稳定发展的若干意见》（国发〔2004〕3号），要求积极稳妥解决股权分置问题；建立健全高管人员激励约束机制，规范上市公司规范运作，进一步提高上市公司质量。2005年8月，证监会等五部委颁布实施《关于上市公司股权分置改革的指导意见》，明确规定了完成了股权分置改革的上市公司可以实施管理层股权激励。在加快股权分置改革、深化资本市场改革背景下，允许上市公司管理层在完成分置改革的条件下持股，对于鼓励上市公司加快股权分置改革具有积极效果，也为后续员工持股制度改革埋下伏笔。2005年10月，国务院转发中国证监会的《关于提高上市公司质量的意见》（国发〔2005〕34号）明确指出，上市公司要探索并规范激励机制，通过股权激励等多种方式，充分调动上市公司高级管理人员及员工的积极性。2005年12月31日，证监会发布实施《上市公司股权激励管理办法（试行）》（以下简称《管理办法（试行）》），对完成股权分置改革的上市公司的管理层股权激励计划的激励对象、股份来源及数量等进行了详细规定，成为指导上市公司实施股权激励的指导性文件。《管理办法（试行）》的实施，指导并推动了上市公司完善员工持股制度，不仅有利于推动上市公司建立完善长期激励制度，而且也从制度上对员工持股进行了积极的探索和完善，为后续上市公司完善股权激励制度积累了初步的经验。

2006年1月1日，《中华人民共和国公司法》和《中华人民共和国证券法》正式实施，对于股权激励制度涉及的相关法律规范予以明确，为顺利推进股权激励制度奠定了法律基础。《公司法》从公司回购股份数量、支付方式、高管股份的持有及转让等进行了全面规范；《证券法》则详细规范了上市公司非公开发行股份行为，进一步为上市公司实施员工持股计划提供了坚实的法律保障。为了深化国有控股上市公司（境外）薪酬制度改革，调动上市公司高管和科技人员的积极性，国资委和财政部分别于2006年1月、2006年9月发布《国有控股上市公司（境外）实施股权激励试行办法》《国有控股上市公司（境内）实施股权激励试行办法》，对境内外上市公司股权激励进行了规范，指导企业采用指股票期权、股票增值权等股权激励方式构建长效激励机制。2008年10月，国资委和财政部发布《关于规范国有控股上市公司实施股权激励制度相关问题的通知》，从严格股权激励的实施条件、完善股权激励业绩考核体系等方面对国有企业股权激励进行了规范。除了对国有控股上市公司进行规范外，国资委于2008年发布实施《关于规范国有企业职工持股、投资的意见》，对非上市国有企业（包括国有独资和国有控股）职工持股、投资问题进行详细安排，进一步规范了国有企业管理层持股、投资行为。一系列有关员工持股的监管政策和文件的发布实施，推动了员工持股相关的制度的完善，规范了员工持股行为，也进一步推动员工持股实践的发展。为了更好地贯彻《国务院批转证监会关于提高上市公司质量意见的通知》（国发〔2005〕34号），证监会于2012年推出《上市公司员工持股计划管理暂行办法（征求意见稿）》，对上市公司员工持股计划规范内容、实施程序、管理模式、信息披露等进行了详细规定。证监会关于上市公司员工持股计划的规范，为上市公司实施员工持股计划提供了指南，也为后续规范上市公司持股计划实践提供了依据。

4.2.3 全面深化改革下员工持股计划制度的加快完善

2013年11月12日，党的十八届三中全会通过《中共中央关于全面深化改革若干重大问题的决定》（以下简称《决定》）明确要求，积极发展混合所有制经济，允许混合所有制经济实行企业员工持股，形成资本所有者和劳动者利益共同体；建立长效激励约束机制，推动国有企业完善现代企业制度。《决定》成为新时期混合所有制改革实施员工持股计划的顶层设计，拉开了推进员工持股计划改革的序幕。2014年5月9日，国务院制定发布《国务院关于进一步促进资本市场健康发展的若干意见》（国发〔2014〕17号），该意见明确提出，鼓励上市公司建立市值管理制度；完善上市公司股权激励制度，允许上市公司按规定通过多种形式开展员工持股计划。员工持股计划作为完善上市公司股权激励制度的重要抓手，通过实施多种形式员工持股计划，有利于提高上市公司质量，对于促进我国资本市场健康发展具有重要意义。

为了贯彻落实党的十八届三中全会和《国务院关于进一步促进资本市场健康发展的若干意见》（国发〔2014〕17号）精神，证监会于2014年6月20日发布了《关于上市公司实施员工持股计划试点的指导意见》（以下简称《指导意见》）（主要内容见表4-1）。《指导意见》明确指出，上市公司可以根据员工意愿实施员工持股计划，通过合法方式使员工获得本公司股票并长期持有，股份权益按约定分配给员工。《指导意见》还就员工持股计划的实施程序、管理模式、信息披露及内幕交易防控等问题进行了详细规定，规范了上市公司员工的持股行为，从而促进员工持股计划健康规范发展。

《指导意见》对所有类型的上市公司都具有直接的指导和规范作用，使上市公司员工持股计划更加公开、透明、规范，标志着我国上市公司员工持股计划迈向了一个规范化、体系化、程序化的新时代。与此同时，2014年9月，上海证券交易所颁布了《上海证券交易所上市公司员工持股计划信息披露工作指引》。2014年11月21日，深交所中小板公司管理部制定《中小企业板信息披露业务备忘录第7号：员工持股计划》。监管机构一系列密集政策的出台，在上市公司中开展员工持股计划实施试点，规范、引导上市公司依法合规实施员工持股计划。

表4-1　　　　　　　　上市公司员工持股计划方案的主要内容

方案要点	主要内容
股票来源	（1）上市公司回购本公司股票；（2）二级市场购买；（3）认购非公开发行股票；（4）股东自愿赠予；（5）法律、行政法规允许的其他方式
资金来源	（1）员工的合法薪酬；（2）法律、行政法规允许的其他方式
持股期限	每期员工持股计划的持股期限不得低于12个月，以非公开发行方式实施员工持股计划的，持股期限不得低于36个月
持股规模	上市公司全部有效的员工持股计划所持有的股票总数累计不得超过公司股本总额的10%，单个员工所获股份权益对应的股票总数累计不得超过公司股本总额的1%

续表

方案要点	主要内容
持股计划管理	自行管理本公司的员工持股计划,也可以将本公司员工持股计划委托给下列具有资产管理资质的机构管理:(1)信托公司;(2)保险资产管理公司;(3)证券公司;(4)基金管理公司;(5)其他符合条件的资产管理机构

注:证监会《关于上市公司实施员工持股计划试点的指导意见》(2014年6月)。

4.2.4 混合所有制改革下员工持股计划制度体系的初步形成

2015年8月24日,中共中央、国务院印发了《中共中央、国务院关于深化国有企业改革的指导意见》(中发〔2015〕22号),要求探索实行混合所有制企业员工持股,建立激励约束长效机制;优先支持人才资本和技术要素贡献占比较高的转制科研院所、高新技术企业、科技服务型企业开展员工持股试点,支持对企业经营业绩和持续发展有直接或较大影响的科研人员、经营管理人员和业务骨干等持股。该文件成为新时期指导国有企业深化改革的纲领性文件,国务院国资委与财政部等部委先后发布实施有关国有控股混合所有制员工持股、国有企业员工激励机制的政策文件,进一步推动规范了国有企业员工持股计划及其相关的股权激励制度的顺利实施。

第一,2016年8月,国务院国资委、财政部和证监会联合制定发布《关于国有控股混合所有制企业开展员工持股试点的意见》(国资发改革〔2016〕133号),就国有控股混合所有制企业开展员工持股试点提出明确要求和政策措施,对员工持股计划涉及员工范围、购股价格、持股比例、持股方式,以及持股计划的股权流转、制度和审批等进行全面的说明,进一步明确了国有控股混合所有制企业员工持股的制度要点。

第二,2019年11月,国务院国资委发布《关于进一步做好中央企业控股上市公司股权激励工作有关事项的通知》(国资发考分规〔2019〕102号)指出,中央企业控股上市公司应当聚焦核心骨干人才,采用股票期权、限制性股票、股票增值权,以及其他股权激励方式,建立长效激励约束机制，充分调动核心骨干人才的积极性。鼓励上市公司采取分期授予方式实施股权激励，以充分体现激励的长期效应；同时，针对科创板上市公司和尚未盈利的科创板上市公司在股票授予价格、解锁期，以及业绩考核方面进行了有针对性的规定，突出了对科技创新的激励导向。

第三，2019年8月，国务院国有企业改革领导小组办公室印发了《关于支持鼓励"双百企业"进一步加大改革创新力度有关事项的通知》（以下简称"双百九条"），对"双百"和非上市"双百"企业的中长期激励提出了针对性政策措施，具体而言，"双百"企业可以不受试点名额限制，综合运用国有控股上市公司股权激励、国有控股混合所有制企业员工持股等中长期激励政策；而非上市"双百"企业也可充分借鉴国内外成熟经验，建立不同方式的中长期激励。

4.3 我国上市公司员工持股计划的实施现状

4.3.1 员工持股计划实施的总体情况

自2014年6月中国证监会发布实施《关于上市公司实施员工持股计划试点的指导意见》以来，在监管机构政策推动和规范下，我国资本市场（含沪深京交易所）的上市公司积极开展多种形式的员工持股计划，实施员工持股计划的公司数量、持股计划的规模等逐年扩大，并取得资本市场积极反馈。从2014年7月深市主板上市公司海普瑞（002399.SZ）发布第一份员工持股计划（2014年9月19日完成）以来，截止到2025年3月12日，我国资本市场即沪深京三地交易所市场，共有1293家上市公司发布实施了2262个员工持股计划（草案），涉及资金规模达到3066.08亿元。

从上市公司发布的实施员工持股计划的公告中可以发现，在已经通过董事会预案的计划方案中，各家上市公司最终通过的结果差异比较大（见

表4-2）。如表4-2所示，在2262个员工持股计划方案中，已经完成实施计划方案的有1916个，占比84.7%。员工持股计划方案处于相关审批程序的有167个，占比7.3%，分别是已经股东大会通过但尚未完成实施的有99个，占比4.4%；已经通过董事会预案的有68个，占比3.0%。已经事实上停止实施的员工持股计划方案有179个，其分别是停止实施的173个，占比7.6%；未通过股东大会审批的6个，占比0.3%。

表4-2　　　　2014—2025年我国上市公司持股计划实施进展情况

员工持股计划实施进度	计划方案数量统计（个）	计划方案数量占比（%）
股东大会未通过	6	0.3
董事会预案	68	3.0
股东大会通过	99	4.4
停止实施	173	7.6
完成实施	1916	84.7
合计	2262	100.0

资料来源：根据Wind数据库数据整理（数据截至2025年3月12日）。

2014—2025年，从已经公告的员工持股计划方案可以发现，相关的上市公司基本上覆盖了目前的所有行业类型，如材料、房地产、工业、公用事业、消费、医疗保健等，说明员工持股计划可以适用于不同行业类型，而不仅限于高科技行业。根据Wind数据库行业标准划分，截至2025年3月，工业行业、信息技术行业、材料行业、可选消费行业，以及医疗保健行业的上市公司实施员工持股方案数量分居前五位，综合占比85%，这些行业已成为目前实施员工持股计划的比较密集的领域（见表4-3）。具体而言，首先，工业行业领域公告员工持股计划数量最多，有559个持股计划方案，占比24.7%；其次，信息技术行业领域公告员工持股计划数量为510个，占比22.5%；再次，材料行业领域公告员工持股计划数量为331个，占比14.6%；最后，可选消费行业领域、医疗保健行业领域公告员工持股计划数量分别为305个（占比13.5%）、220个（占比9.7%），分居第四位、第五位。

表 4-3　　　　　2014—2025 年实施员工持股计划企业的行业属性

实施持股计划的企业的行业属性	实施方案的数量（个）	占比（%）
材料	331	14.6
房地产	30	1.3
工业	559	24.7
公用事业	19	0.8
金融	24	1.1
可选消费	305	13.5
能源	44	1.9
日常消费	168	7.6
通讯服务	52	2.3
信息技术	510	22.5
医疗保健	220	9.7
合计	2262	100.0

资料来源：根据 Wind 数据库数据整理（数据截至 2025 年 3 月 12 日）。

据统计，2014—2025 年，在已经公告实施员工持股计划的上市公司中，各家上市公司实施持股计划的数量情况差异比较大，也就是说，员工持股计划公告实施次数在各家上市公司之间差异较大。在发布实施持股计划公告的上市公司中，各家上市公司在过去 10 年间，分别实施了不同次数员工持股计划，最少的至少发布实施公告一次，最多的则发布实施公告达到 15 次（见表 4-4）。其中，2014—2025 年，仅发布 1 次通过董事会预案公告的上市公司的数量最多、占比最高，达到了 803 家（含最终停止实施或股东大会未通过情形），占全部发布持股计划公告公司数量的 62.10%；其次分别是发布 2 次的公司数量 269 家（占比 20.85%）；3 次的公司数量 113 家（占比 8.73%）；4 次的公司数量 48 家（占比 3.70%）；5 次的公司数量 26 家（占比 2.00%）。发布实施计划公告次数达到 7 次以上的公司数量为 22 家，其中平均 10 次以上有 5 家上市公司。

表4-4　　　2014—2025年我国上市公司发布持股计划公告情况

发布持股计划公告的次数（次）	上市公司数量（家）	占已发布持股公告公司的比重（%）
1	803	62.10
2	269	20.85
3	113	8.73
4	48	3.70
5	26	2.00
6	12	0.92
7	9	0.69
8	7	0.54
9	1	0.08
10	1	0.08
11	2	0.15
13	1	0.08
15	1	0.08
合计	1293	100.00

资料来源：根据Wind数据库数据整理（数据截至2025年3月12日）。

截止到2025年3月12日，我国资本市场实施员工持股计划次数最多的上市公司是深市主板市场的美的集团（000333.SZ）。从2015年3月31日开始，美的集团已经先后完成15次员工持股计划，初始资金规模累计达到37.23亿元，已经成为我国资本市场完成员工持股计划次数最多的上市公司。深市主板市场杰瑞股份（002353.SZ），从2014年12月20日开始，杰瑞股份公司已完成其发布的13次员工持股计划，实际资金规模达到了11.60亿元。沪市主板市场伊利股份（600887.SH）从2014年10月28日开始，发布实施员工持股计划11次，均已经完成；而深市创业板市场亿纬锂能（300014.SZ）从2015年7月28日开始，发布实施员工持股计划11次，目前仅完成实施10次。另外，上海主板市场的龙净环保公司

(600388. SH)已经从 2014 年 9 月 12 日开始,除 2020 年外,年均实施一次员工持股计划,已经完成 9 次,并且第 10 次的实施计划也已经于 2024 年 12 月 6 日通过了董事会预案。截至目前,这 6 家上市公司已经分别实施了至少 9 次员工持股计划,成为目前我国资本市场为数不多的已经实施了 9 次员工持股计划的上市公司。

4.3.2 员工持股计划实施的具体特征

(1)从实施计划方案的年度分布看,监管政策效应显著

从上市公司发布实施员工持股计划的年度来看,每年度董事会通过实施员工持股计划的数量差异明显(见表 4-5)。2014 年,中国证监会颁布实施《关于上市公司实施员工持股计划试点的指导意见》(以下简称《指导意见》),进一步规范上市公司员工持股计划方案的设计与实施。2014 年我国资本市场上市公司只公布了 60 个员工持股计划方案,数量较少,但是,随着 2015 年我国股市行情上涨带来的冲击,上市公司掀起一股实施员工持股计划的热潮,2015 年公布的方案数量猛增 4 倍多,创造了 337 个员工持股计划方案的纪录。从 2020 年开始,上市公司实施员工持股计划方案的数量逐渐从低谷转向逐年增长,2021—2024 年,当年董事会公布的数量分别是 239 家、289 家、215 家和 278 家。根据现有统计数据发现,员工持股计划方案的实施受到了监管机构推动的影响显著,如 2015 年的 337 家、2022 年的 289 家,都在监管机构明确鼓励上市公司实施员工持股计划后,当年实施计划方案的公司数量出现了大幅增长。

表 4-5　　　　2014—2025 年我国上市公司持股计划各年度数量分布

年份	董事会通过的方案数量(个)	占全部方案的比重(%)	其中:停止实施数量(个)	其中:停止实施占当年数量的比重(%)
2014	60	2.65	3	5.00
2015	337	14.90	49	14.54
2016	172	7.60	20	11.63
2017	192	8.49	15	7.81

续表

年份	董事会通过的方案数量（个）	占全部方案的比重（%）	其中：停止实施数量（个）	其中：停止实施占当年数量的比重（%）
2018	133	5.88	18	13.53
2019	128	5.66	9	7.03
2020	175	7.74	15	8.57
2021	239	10.57	11	4.60
2022	289	12.78	18	6.23
2023	215	9.50	17	7.91
2024	278	12.28	4	1.44
2025	44	1.95	0	0
合计	2262	100.00	179	7.91

资料来源：根据 Wind 数据库数据整理，其中停止实施数量为停止实施数量和股东大会未通过数量之和（数据截至 2025 年 3 月 12 日）。

（2）从板块分布来看，深市中小板、创业板实施数量较多

2014 年以来，从实施员工持股计划公司的上市板块看，公告实施员工持股计划的公司数量最多的是深市中小板市场，407 家上市公司，占比 31.48%，公告了 763 次方案，占全部方案的 33.73%；其次，沪市主板市场有 377 家公司，占比 29.16%，公告实施了 677 次方案，占全部方案的 29.93%（见表 4-6）。由于沪市科创板市场、北交所市场成立较晚，相应实施员工持股计划的数量还较少。整体上看，深市主板、中小板、创业板市场公司数量合计占比约为 64.57%，约为沪市上市公司数量的 2 倍。在深市中小板市场、创业板市场的上市公司，更容易倾向实施员工持股计划，从而实现公司与员工的共同发展。

表 4-6　　　　2014—2025 年我国资本市场各板块实施持股计划情况

市场板块	公告员工持股计划的公司数量（家）	占全部公司的比重（%）	公布员工持股计划方案的公司数量（家）	占全部公布持股计划方案的公司比重（%）
深市主板市场	96	7.42	178	7.87
深市中小板市场	407	31.48	763	33.73

续表

市场板块	公告员工持股计划的公司数量（家）	占全部公司的比重（%）	公布员工持股计划方案的公司数量（家）	占全部公布持股计划方案的公司比重（%）
深市创业板市场	332	25.68	543	24.01
沪市主板市场	377	29.16	677	29.93
沪市科创板市场	67	5.18	85	3.76
北交所板块	14	1.08	16	0.70
合计	1293	100.00	2262	100.00

资料来源：根据 Wind 数据库数据整理（数据截至 2025 年 3 月 12 日）。

(3) 从资金来源来看，员工薪酬及自筹资金为主要资金来源渠道

在实施员工持股计划方案中，员工取得取票所需资金来源是否稳定，将直接影响员工参与持股计划的积极性和方案是否最终成功。根据《指导意见》要求，员工持股计划可以通过员工的合法薪酬以及法律法规允许的方式解决所需的资金。在实施员工持股计划中，员工可以用资金的薪酬支付或者自筹资金；如果员工资金支付困难，上市公司股东可以提供借款给员工，从而保证员工持股计划能顺利进行。从目前已经公开的持股计划资金来源渠道看，主要表现为四种方式，一是员工薪酬及自筹资金；二是持股计划奖励金；三是股东或实际控制人借款；四是向第三方融资。在实践中，有的上市公司可能只规定一种资金来源，有的上市公司则允许同时采用多种方式。截止到 2025 年 3 月，在我国已公布的员工持股计划方案中，占比前三位的达到了全部的 90% 左右（见表 4-7）。首先，资金来源为员工薪酬及自筹资金方案数量最多，达到了 1622 个，占比 71.71%；其次，员工薪酬及自筹资金和股东或实际控制人借款的复合方式，有 228 个，占比 10.08%；最后，持股计划奖励金，实施方案数量为 180 家，占比 7.96%。持股计划奖励金更能体现对员工激励作用，公司将利润的一定百分比提取的"员工持股计划奖励金"，代扣个人所得税后将剩余金额划入员工持股计划资金账户，当员工达到规定条件，就具有了获取奖励金的资格，才能有机会购买持股计划要求的股票。在实践中，有些上市公司采取奖励金形式，可能不需要员工自己掏钱就可以享有公司股票，该形式的

资金来源有利于实现劳动者和所有者的长效共享机制,实现了企业和员工的激励相容结果。

表4-7　　　2014—2025年我国资本市场员工持股计划的资金来源

资金来源	采用该来源的员工持股计划方案的数量(个)	占全部员工持股计划方案的比重(%)
持股计划奖励金	180	7.96
股东或实际控制人借款	12	0.53
向第三方融资	1	0.04
员工薪酬及自筹资金	1622	71.71
员工薪酬及自筹资金,持股计划奖励金	99	4.38
员工薪酬及自筹资金,持股计划奖励金,股东或实际控制人借款	13	0.57
员工薪酬及自筹资金,股东或实际控制人借款	228	10.08
员工薪酬及自筹资金,向第三方融资	66	2.92
其他	41	1.81
合计	2262	100.00

资料来源:根据Wind数据库数据整理(数据截至2025年3月12日)。

(4) 从股票来源来看,竞价转让和认购非公开发行是主流方式

2014年《指导意见》进一步拓宽了员工持股计划的股票来源。截至2025年3月,在已经公布的现有的员工持股计划方案中,各上市公司持股计划的股票来源多元,涵盖了竞价转让、股东赠予、认购非公开发行、上市公司回购、认购信托计划等来源,以及这些来源的组合(见表4-8)。具体而言,在目前2262份持股计划方案中,来源方式采用数量最多的前四位,总占比接近92%,分别是上市公司回购方式、竞价转让和定向受让的复合方式、单一的竞价转让方式,以及认购非公开发行。具体而言,首先,上市公司回购的企业有975个,占比43.1%,是目前上市公司采用比例最高的股票来源方式;其次,采用竞价转让和定向受让组合方式的方案有628个,占比27.8%;最后,单一竞价转让方式和认购非公开发行方式

的方案分别是 292 个和 191 个，占比分别为 12.9% 和 8.4%。除此之外，还有较少的上市公司采用了股东赠予方式（6 个，占比 0.3%）和认购信托计划（3 个，占比 0.1%）。

表 4-8 2014—2025 年我国资本市场员工持股计划股票来源情况

实施员工持股计划的股票来源	采用该来源的员工持股计划方案的数量（个）	占全部员工持股计划方案的比重（%）
定向受让	39	1.7
股东赠予	6	0.3
竞价转让	292	12.9
竞价转让，定向受让	628	27.8
竞价转让，定向受让，股东赠予	12	0.5
竞价转让，定向受让，认购非公开发行	16	0.7
竞价转让，上市公司回购	81	3.6
认购非公开发行	191	8.4
认购信托计划	3	0.1
上市公司回购	975	43.1
其他	19	0.9
合计	2262	100.0

资料来源：根据 Wind 数据库数据整理（数据截至 2025 年 3 月 12 日）。

（5）从企业性质来看，民营企业多而国有企业少

自 2014 年证监会颁布《指导意见》以来，国务院国资委先后颁布一系列文件支持规范国有企业的员工持股计划行为，沪深交易所也进一步规范相关信息披露行为，不断提升公司持股计划的规范性，从而进一步推动了员工持股计划发展。从已公布的与持股计划方案可以发现，虽然实施持股计划的公司数量和次数不断增多，但是，实施持股计划方案在不同性质的公司之间区别较大（见表 4-9）。从目前公告实施员工持股计划方案的企业性质看，基本涵盖了所有性质的企业，既有中央国有企业、地方国有企业等国有企业，也有诸如民营企业、外资企业等非国有性质企业，说明

员工持股计划受到了不同性质企业的青睐,并在不同性质企业中都有所实践。

表4-9　　　　2014—2025年我国资本市场员工持股计划股票来源情况

公告员工持股计划方案的企业属性	公告员工持股计划方案的公司数量(个)	占全部员工持股计划方案的比重(%)
地方国有企业	246	10.9
公众企业	189	8.4
集体企业	18	0.7
民营企业	1694	74.9
其他企业	10	0.4
外资企业	58	2.6
中央国有企业	47	2.1
合计	2262	100.0

资料来源:根据Wind数据库数据整理(数据截至2025年3月12日)。

由表4-9可知,截止到2025年3月,在已经公布的员工持股计划方案中,民营企业公布方案数量最多,公告了1694个,占比74.9%;其次是地方国有企业,公告了246个持股计划方案,占比10.9%,中央国有企业公告的计划方案数量较少,只有47个,占比2.1%。因此,从整体上看,目前我国员工持股计划实施方案主要集中在民营企业,而国有企业数量只有293个,占比13%。在混合所有制改革的政策推动下,地方政府为了加快地方国有企业改革,不断改革国有企业改革政策,已经将员工持股计划视为一种实现混合所有制改革的重要方式之一,因此,鼓励地方国有企业实施员工持股计划探索多种形式混合所有制改革成为地方政府重要改革举措。在这一背景下,地方国有企业实施员工持股计划的积极性较高,从而导致持股计划的数量有了较大增长。中央国有企业则由于受到各种影响因素制约,仅在中央企业所属的二级、三级公司进行混合所有制改革,并在一些公司实施员工持股计划,积累了初步经验,但是,由于整体上中央国有企业本身自身战略地位差异大,目前实践中的数量仍然偏少。从目前政策监管看，监管机构也在努力在国有企业，尤其是竞争类国有企业中进一步深化改革，以期切实提高国有企业经营效率和业绩水平。

（6）从持股比例来看，个体持股不超过1%、持股计划不超过10%

从目前上市公司已经公告的持股计划看，员工持股的比例都保持在1%以内，持股计划比例不超过10%。整体看，持股比例无论是员工个人还是整个持股计划都没有超出《指导意见》的比例限制。根据《指导意见》要求，员工持股计划所持有的股票总数累计不得超过公司股本总额的10%，单个员工所获股份权益对应的股票总数累计不得超过公司股本总额的1%。每期员工持股计划的最短持股期限为不低于12个月。持股比例的高低某种程度上表明持股计划的覆盖范围和影响，对于创新型企业而言，持股比例过低、覆盖面太窄，可能不利于调动员工积极性，从而不能很好地服务于创新企业的发展。

4.4　本章小结

在国外发达经济体资本市场中，员工持股计划制度已经发展为比较成熟的激励制度。相比而言，我国员工持股计划制度发展过程比较复杂，先后经历了一个相对曲折的改革完善过程。员工持股计划制度在国内外发展的巨大反差，其深层次原因在于不同的制度背景，以及发展程度不同的资本市场等因素制约。本章从历史和现实两个维度全面梳理我国员工持股计划制度的历史沿革和实施现状。一方面，从历史维度全面梳理员工持股计划的历史沿革，全面把握我国员工持股计划制度变迁的过程和动因；另一方面，从现实角度全面分析总结了混合所有制改革背景下的员工持股计划实施特征。全面系统梳理我国员工持股计划的制度背景和实施现状，有利于全面客观认识我国员工持股计划制度的发展历史，从而为进一步深化改革、优化制度供给提供坚实的理论依据；也有利于正确认识评价员工持股计划制度对企业发展的重要意义。

第 5 章
员工持股计划与公司财务绩效

5.1 引言

  上市公司实施员工持股计划赋予了员工持股的权利,有助于激励员工增强主人翁的意识,更努力工作以提高企业经营业绩,降低企业内部的委托代理成本。2014 年 5 月 9 日,国务院制定发布《国务院关于进一步促进资本市场健康发展的若干意见》(国发〔2014〕17 号),明确提出,鼓励上市公司建立市值管理制度;允许上市公司按规定通过多种形式开展员工持股计划。2014 年 6 月证监会发布《关于上市公司实施员工持股计划试点的指导意见》指出,上市公司可以根据员工意愿实施员工持股计划,通过合法方式使员工获得本公司股票并长期持有,股份权益按约定分配给员工。至此,上市公司实施持股计划具有具体的操作指南,为推动上市公司实施员工持股计划的迅速发展奠定了制度基础。2015 年 8 月 24 日,中共中央、国务院印发了《中共中央、国务院关于深化国有企业改革的指导意见》,要求探索实行混合所有制企业员工持股,建立激励约束长效机制。在国有企业混合所有制改革过程中,员工持股计划又被赋予了新的使命,成为国有企业混合所有制改革的一种重要实现形式,也是新时期国有企业改革的重要内容之一。

  目前,员工持股计划不仅在上市公司中得到了广泛应用,而且在非上市公司中也得到了积极响应。截止到 2025 年 3 月 12 日,我国资本市场即沪深京三地交易所市场，共有1293家上市公司发布实施了2262个员工持股计划（草案），涉及资金规模达到3066.08亿元。但在实践中，部分上市公司实施的员工持股计划并没有达到预期的效果，实施员工持股计划的企业出现了大量的浮亏现象，甚至有上市公司大股东利用员工持股计划的利好消息高位减持股票（陈运佳、吕长江，2020）。上市公司实施持股计划的数量和实施规模逐年增长，从实施目标看，上市公司实施持股计划是否达到了其设立的激励目标？从实施动机看，是什么因素促使上市公司可以实施多次的员工持股计划？这些将是后续研究试图回答的问题。

鉴于此，本书选用我国资本市场A股上市公司实施员工持股计划的公司样本，实证检验员工持股计划对上市公司财务绩效的影响。研究发现，第一，持股计划对总资产报酬率表现为显著的负向影响作用，表明公司实施员工持股计划没有显著改善企业以总资产报酬率衡量的公司财务业绩。第二，持股计划对托宾Q表现为显著的正向影响作用，说明持股计划可以显著提高企业的托宾Q值，这表明企业实施员工持股计划会显著改变企业市值。第三，异质性分析中，实施员工持股计划可以更加有效地促进非国有企业市值的提高，员工持股计划的长期市场效应作用显著。

本章后文内容安排如下：第二部分是理论分析与研究假设；第三部分是研究设计；第四部分是实证结果分析，包括描述性统计分析、相关系数矩阵、多元回归分析；第五部分和第六部分是稳健性检验和进一步分析；第七部分是本章小结。

5.2 理论分析与研究假设

5.2.1 员工持股计划与财务绩效

员工持股计划赋予员工一定比例股权，有利于激励员工、激发员工热情,提高员工积极性,从而有利于提高公司绩效(Ginglinger et al., 2011)。陈冬华、范从来、沈永建(2015)研究发现,无论是高管激励还是职工激励,均对企业未来业绩增长具有积极作用,并且高管的薪酬业绩敏感性显著高于职工。根据公司治理理论,员工持股计划将员工利益与公司利益绑定,缓解公司代理冲突;有利于员工积极参与公司事项的沟通决策,强化对管理层监督,进而提高公司治理水平,并有利于公司财务绩效的提升。一方面,在实施员工持股计划的公司,由于员工一旦拥有公司股份就成为公司股东之一,其自身利益就会与公司的业绩密切相关,员工就可以像股东一样享有参与公司利润分配的权利,股东与管理层、基层员工间的委托代理冲突得到缓解;员工享有了股东权益,强化了员工的归属感,降低了道德风险,从而促使员工不断发挥主动性,提高自身工作效率,更好地完成各项工作,进而推动整个公司业绩的提升。另一方面,在实施员工持股计划的公司,参加员工持股计划的员工将有更多机会参与公司治理,在员工与管理层沟通合作中,不仅员工可以更好地理解公司战略和经营决策,而且有利于管理层更好地加深对公司基层员工的认识。这样,管理层和员工层面的信息不对称就会减少,公司管理决策的执行将更有效率,从而有助于提升公司的业绩。最后,实施员工持股计划的公司,要按照持股计划实施进度,完整披露员工持股计划的实施全过程,进一步增强了上市公司信息披露的强度,增加市场投资者和企业员工了解企业的渠道,客观上加强了管理层的监督,有助于降低管理层的代理成本,从而有利于公司业绩的改善。

基于此,提出第一个研究假设如下:

H1:在其他条件不变的情况下,相比没有实施员工持股计划的企业,实施员工持股计划会显著提升企业财务绩效。

5.2.2 员工持股计划与企业市值

在现代资本市场中,强化上市公司信息披露是增强市场透明度、维护市场公平交易的基础。但是,由于现代交易复杂性等因素制约,资本市场各参与主体之间往往存在信息不对称,即一方拥有比另一方更多的信息,不仅导致市场内部交易发生,而且扰乱市场秩序、损害投资者对资本市场的信心。在现代资本市场上,市场交易主体之间的信息不对称可能导致逆向选择和道德风险问题,进而影响市场正常的交易秩序。因此,从上市公司角度来看,不断强化信息披露责任,增强自愿性信息披露的主动性,将有助于投资者更好地认识和评估公司的价值。信号传递理论表明,企业实施员工持股计划,在强化其信息披露责任的同时,其本身也在向市场投资者传递公司业绩发展好、未来成长性高的信号。上市公司实施员工持股计划,尤其是普通员工参与,也向市场传递出公司员工对公司未来前景看好的积极信号。这一信号一旦被市场获悉,就会吸引投资者积极看多公司股票价值,进而推动公司股票价格的上升。这也进一步表明,员工持股计划公告存在显著的正向股价效应(孙即、张望军、周易,2017)。另外,股权集中背景下缺乏监督,以及面临股权质押风险的大股东便可能将员工持股计划作为市值管理的工具,公司在发生股价崩盘后,更倾向于实施员工持股计划,从而带来公司股价的提升(陈运佳、吕长江 等,2020)。因此,公司实施员工持股计划,有利于稳定并提升公司股价,保障自身利益最大化。

因此,基于前文理论分析,提出以下假设:

H2:在其他条件不变的情况下,相比没有实施员工持股计划的企业,实施员工持股计划会有助于提高企业的市值。

5.3 研究设计

5.3.1 样本选择与数据来源

由于证监会的《指导意见》是从 2014 年 6 月开始实施的,上市公司员工持股计划得以规范推进。本书选择该意见的发布实施日期后的上市公司为样本,进一步检验混合所有制改革背景下员工持股计划对上市公司绩效的影响。本书采用我国沪深京交易所资本市场 2014 年 7 月至 2023 年 12 月的 A 股上市公司为初始样本。在此基础上,对初始样本进行相关处理。在样本处理过程中,(1) 剔除了金融保险行业上市公司,剔除样本期间相关数据缺失的公司;(2) 剔除上市不足一年的上市公司;(3) 结合上市公司公告,在样本选择上,进一步剔除最终取消或停止实施计划的公司样本。为了消除极端值数据的影响,本书对所有涉及的连续型变量进行 1% 水平上的缩尾处理。相关数据主要来自万得(Wind)数据库、国泰安数据库以及巨潮资讯网,采用的数据处理软件是 Stata14.0。

5.3.2 模型设定

为了检验员工持股计划与上市公司财务绩效的关系,参考郭范勇等(2024)及其他相关文献的研究方法,构建具体回归模型如下:

$$ROA_{i,t} = \beta_0 + \beta_1 ESOP_{i,t} + \beta_2 Controls_{i,t} + \sum ind + \sum year + \varepsilon_{i,t} \quad (1)$$

$$TBINQ_{i,t} = \beta_0 + \beta_1 ESOP_{i,t} + \beta_2 Controls_{i,t} + \sum ind + \sum year + \varepsilon_{i,t} \quad (2)$$

其中,i 和 t 分别表示公司和年份,$Y_{i,t}$ 为公司业绩的度量指标,具体而言,模型(1)中用总资产报酬率(Roa),模型(2)中用市值(Tobinq)主要解释变量 $ESOP_{i,t}$ 为员工持股计划的虚拟变量,若 i 公司在 t 年正式实施员工持股计划,则取值为 1,否则取值为 0;$Controls_{i,t}$ 表示回归模型选择的控制变量的集合,具体参见表 5-1 详细介绍。本模型同时控制了公司的行业固定效应(ind)和年度固定效应(year),$\varepsilon_{i,t}$ 表示回归模型的扰动项。

5.3.3 变量定义与测度

(1) 被解释变量

现有文献对公司业绩的度量指标是多元的,有的业绩度量指标侧重企业过去的业绩,有的度量指标则侧重未来的业绩。为了更全面衡量员工持股计划对企业绩效的影响，本书借鉴 Li 等（2018）的做法，选择反映会计绩效、市场绩效等指标来度量公司的财务业绩，通过多维度的业绩评价，以更为全面地分析实施员工持股计划是否能够为公司员工及公司股东创造价值。一方面，选择总资产报酬率（Roa）这个具有高度概括性指标体现会计绩效的代理变量。另一方面，由于诸如总资产报酬率、净资产收益率（Roe）等指标立足企业过去财务数据和财务业绩，虽然体现了企业盈利能力，但是两个指标基于公司历史业绩，不能很好反映公司未来发展业绩和投资预期，并且容易受到人为操纵。因此，本书进一步选取了能够反映公司市场绩效的指标托宾 Q 值（Tobinq）。从投资者预期的角度来看，市场价值指标要优于总资产报酬率（Roa）等历史绩效指标（郭范勇、彭嘉欣，2024）。

（2）解释变量

解释变量为企业是否实施员工持股计划（Esop）。该变量为虚拟变量，当企业实施员工持股计划则取值为 1，否则为 0。通过该变量以考察实施员工持股计划的企业对企业财务绩效的影响。

（3）控制变量

参照 Meng 等（2011）、郭范勇等（2024）的文献研究，本书选取的控制变量主要包括两类：一类是反映公司特征的控制变量，另一类是公司治理特征控制变量。①公司规模（Size），用公司总资产的自然对数衡量。企业规模越大，不良资产占比高，则可能会影响公司业绩。②资产负债率（Lev），用企业总负债和总资产的比值来衡量。③现金流（Cash），用企业年末的货币资金与交易性金融资产之和除以年末总资产来衡量。④总资产周转率（Sale），用企业年度营业收入除以总资产的比率来衡量。⑤销售费用率（Exr），用企业当年的管理费用与销售费用之和除以当年的营业收入衡量，用以反映上市公司代理成本。⑥成长能力（Growth），用企业当年末总资产除以上年末总资产衡量。⑦产权性质（Soe），虚拟变量，对于国有控股企业取 1，否则取 0。⑧公司年龄（Age），用企业考察年份和上市年份的时间差的自然对数取值衡量。⑨员工总人数（LnNum），用企业员工总人数的自然对数衡量。⑩两职合一

（Dual），董事长和总经理是否两职合一，若是则为1，否则为0。⑪股权集中度，即第一大股东持股比例（Top1），用第一大股东持股除以总股数衡量。⑫股权分散度，即第二至第五股东持股比例（Top2），用第二至第五大股东持股之和除以总股数。⑬风险投资（Ri），虚拟变量，如果公司有风险投资，取值为1，否则，取值为0。另外，还加入上市公司年度和行业虚拟变量，对行业与时间进行控制，消除其对回归结果的影响。

上述各变量的解释如表5-1所示。

表5-1 主要变量

	变量名称	变量符号	变量定义
被解释变量	财务绩效	Roa	公告日所属年度净利润/年末总资产
		Tobinq	公司市场价值/年末总资产
解释变量	员工持股计划	Esop	企业在样本期间实施员工持股计划取1，否则为0
控制变量	公司规模	Size	公告日所属年末企业总资产的自然对数
	资产负债率	Lev	公告日所属年末的年末负债总额/年末总资产
	现金流	Cash	（货币资金+交易性金融资产）/年末总资产
	总资产周转率	Sale	营业收入/年末总资产
	销售费用率	Exr	（管理费用+销售费用）/营业收入
	成长能力	Growth	用当期总资产/上期总资产
	产权性质	Soe	国有企业取1，否则取0
	公司年龄	Age	（当年年份－公司上市年份）+1 取对数
	员工总人数	LnNum	公告日所属年末员工总人数的对数
	两职合一	Dual	董事长和总经理是否两职合一，若是则为1，否则为0
	第一大股东持股比例	Top1	用第一大股东持股除以总股数
	第二至第五股东持股比例	Top2	第二至第五大股东持股之和除以总股数
	风险投资	Ri	公司有风险投资取值为1，否则，取值为0
	年度	year	公告日所属年度的虚拟变量
	行业	Ind	公司所属行业的虚拟变量

5.4 实证结果分析

5.4.1 描述性统计

表5-2列示了回归模型的主要变量的描述性统计。从样本的描述性统计结果可以看出，反映企业财务绩效的被解释变量总资产报酬率（Roa）的均值为0.0385，说明全样本的总资产报酬率平均仅为3.85%，其中最高的报酬率为19.97%，最低的为-24.81%，各上市公司财务业绩最大值和最小值之间差异比较大，整体上看，上市公司之间的经营业绩差异明显；反映财务绩效的另一个被解释变量托宾Q值（Tobinq）平均为2.04，其中最大值为8.73，最小值为1.32。关键解释变量是否实施员工持股计划（Esop）的均值为0.2639，表明在样本期间，发布实施员工持股计划的上市公司占样本总观测量的比重为26.39%。

表5-2 主要变量的描述性统计分析

变量	均值	标准值	最小值	最大值	样本量
Roa	0.0385	0.0615	-0.2481	0.1997	36917
Tobinq	2.0448	1.3196	0.8578	8.7347	36917
Esop	0.2639	0.4407	0.0000	1.0000	36917
Size	22.1073	1.3103	19.6986	26.2090	36917
Lev	0.4283	0.2088	0.0505	0.8978	36917
Cash	0.2059	0.1509	0.0150	0.7226	36917
Sale	0.6218	0.4274	0.0689	2.5326	36917
Exr	0.0694	0.0852	0.0000	0.4585	36917
Growth	0.2061	0.3905	-0.3071	2.3177	36917
Soe	0.4000	0.4899	0.0000	1.0000	36917
Age	2.0346	0.9341	0.0000	3.3322	36917

续表

变量	均值	标准值	最小值	最大值	样本量
LnNum	7.6053	1.2819	4.3307	11.1094	36917
Dual	0.2678	0.4428	0.0000	1.0000	36917
Top1	34.9489	14.9184	9.0300	74.9600	36917
Top5	58.7559	15.4363	22.9600	90.5700	36917
Ri	0.6703	0.4701	0.0000	1.0000	36917

资料来源：作者计算整理。

在其他控制变量中，资产负债率（Lev）的平均值为42.83%，最大值为89.78%，最小值为5.05%。总资产周转率（Sale）的平均值为62.8%，表明上市公司资产管理效率比较高，营运能力强。销售费用率（Exr）的平均值为6.94%。企业性质（Soe）的系数表明在现有的样本中，国有企业数量占比为40%；并且样本公司中有26.78%的公司，其董事长和总经理是两职合一。从上市公司股权结构看，第一大股东持股比例（Top1）平均值为34.94%，最大值为74.96%，最小值为9.03%；而第二至第五股东持股比例（Top2）平均职位58.76%，股权集中度高并且公司之间差别明显。有风险投资（Ri）的上市公司样本占比为67.03%。

5.4.2 相关系数分析

表5-3列示了回归模型中的各变量的相关系数。根据相关系数矩阵结果显示，员工持股计划与企业财务绩效（Roa）的相关系数为-0.022，并且在1%水平上显著负相关，说明员工持股计划与企业财务绩效具有显著的负向关系，没有验证假设H1。员工持股计划与企业财务绩效（Tobinq）的相关系数为0.020，并且在1%水平上显著正相关，说明员工持股计划与企业财务绩效具有显著的正向关系，实施员工持股计划有利于促进企业财务绩效增长，初步验证假设H2。其他控制变量相关系数均在合理范围，说明各变量之间不存在明显的多重共线性问题。

第5章 员工持股计划与公司财务绩效

表 5-3　　　　　　　　　　　主要变量的相关系数

变量	(1)	(2)	(3)	(4)	(5)	(6)	(7)
Roa	1						
Tobinq	0.148***	1					
Esop	-0.022***	0.020***	1				
Size	-0.009*	-0.377***	-0.011**	1			
Lev	-0.370***	-0.233***	-0.070***	0.462***	1		
Cash	0.272***	0.133***	0.011**	-0.246***	-0.453***	1	
Sale	0.113***	-0.017***	0.023***	0.039***	0.150***	-0.022***	1
Exr	0.049***	0.150***	0.082***	-0.168***	-0.235***	0.183***	-0.086***
Growth	0.265***	-0.010*	0.052***	-0.084***	-0.167***	0.343***	-0.078***
Soe	-0.097***	-0.136***	-0.293***	0.333***	0.303***	-0.167***	0.070***
Age	-0.232***	0.021***	-0.060***	0.383***	0.396***	-0.374***	0.038***
LnNum	0.040***	-0.273***	0.052***	0.714***	0.328***	-0.200***	0.262***
Dual	0.043***	0.056***	0.074***	-0.160***	-0.155***	0.128***	-0.050***
Top1	0.137***	-0.134***	-0.098***	0.201***	0.043***	0.024***	0.080***
Top5	0.250***	-0.124***	-0.019***	0.128***	-0.138***	0.193***	0.029***
Ri	0.080***	0.011**	0.131***	-0.071***	-0.141***	0.073***	-0.032***
变量	(8)	(9)	(10)	(11)	(12)	(13)	(14)
Exr	1						
Growth	0.00700	1					
Soe	-0.172***	-0.178***	1				
Age	-0.080***	-0.433***	0.419***	1			
LnNum	-0.026***	-0.100***	0.251***	0.235***	1		
Dual	0.098***	0.123***	-0.307***	-0.245***	-0.117***	1	
Top1	-0.074***	0.009*	0.207***	-0.094***	0.172***	-0.063***	1
Top5	0.013**	0.219***	-0.064***	-0.441***	0.111***	0.049***	0.620***
Ri	0.072***	0.129***	-0.281***	-0.272***	-0.035***	0.134***	-0.111***
变量	(15)	(16)					
Top5	1						
Ri	0.081***	1					

注："*"、"**"、"***"分别表示在10%、5%、1%水平上显著。

对回归模型的变量进行了多重共线性检验（见表 5-4），结果显示，回归模型的各变变量的方差膨胀因子均小于 10，平均方差膨胀因子为 1.694，说明变量之间不存在明显的共线性。

表 5-4　　　　　　　　　　多重共线性检验

Variable	VIF	1/VIF
Size	3.02	0.331
LnNum	2.417	0.414
Top5	2.356	0.424
Age	2.307	0.433
Top1	1.887	0.53
Lev	1.659	0.603
Soe	1.534	0.652
Cash	1.457	0.686
Growth	1.34	0.746
Sale	1.191	0.84
Ri	1.161	0.861
Exr	1.14	0.878
Dual	1.132	0.884
Did	1.112	0.899
Mean VIF	1.694	

资料来源：作者计算整理。

5.4.3　多元回归结果分析

表 5-5 列示了对模型（1）和模型（2）分别进行回归后的结果。表 5-5 的回归结果表明，在模型（1）的回归中，以 ROA 为因变量进行回归分析，员工股持股计划 Esop 的系数为 -0.0024 且在 1% 水平上显著，表明实施持股计划对公司总资产报酬率表现为显著的负向影响作用，表明公司实施员工持股计划没有显著改善企业以总资产报酬率衡量的公司财务业绩。模型（1）的假设没有得到验证。该结论也验证了郭范勇、彭嘉欣

（2024）的研究发现，即上市公司推行的员工持股计划并未实质性贡献于企业绩效改善，员工持股计划未能促进公司全要素生产率的提升，反而成为大股东减持股份、公司过度投资的策略性工具。在模型（2）的回归中，以托宾 Q 为因变量进行回归分析，员工股持股计划 Esop 的系数为 0.0984 且在 1% 水平上显著，持股计划对托宾 Q 表现为显著的正向影响作用，说明持股计划可以显著提高企业的托宾 Q 值，这表明企业实施员工持股计划会显著改变企业市值。验证了模型（2）的假设。

表 5-5　　　　　　　　　　员工持股计划与公司财务绩效

变量	（1）总资产报酬率 Roa	（2）市值 Tobinq
Esop	-0.0024**	0.0984***
	(-2.27)	(4.39)
Size	0.0088***	-0.6679***
	(19.01)	(-33.50)
Lev	-0.1304***	0.0090
	(-55.60)	(0.15)
Cash	0.0295***	0.3451***
	(11.65)	(5.20)
Sale	0.0305***	0.3276***
	(32.32)	(11.35)
Exr	-0.0452***	-0.8361***
	(-8.12)	(-4.75)
Growth	0.0270***	0.0347**
	(26.86)	(2.11)
Soe	-0.0054***	-0.2079***
	(-7.32)	(-5.38)
Age	0.0005	0.7564***
	(1.05)	(40.21)
LnNum	0.0020***	-0.0124
	(4.74)	(-0.83)
Dual	-0.0006	-0.0390**
	(-0.85)	(-2.34)

续表

变量	(1) 总资产报酬率 Roa	(2) 市值 Tobinq
Top1	0.0001 ***	−0.0053 ***
	(5.75)	(−5.40)
Top5	0.0003 ***	0.0040 ***
	(11.91)	(4.90)
Ri	0.0031 ***	0.0586 ***
	(4.70)	(4.82)
_cons	−0.1576 ***	15.5371 ***
	(−19.01)	(38.18)
N	36917	36917
R^2	0.3032	0.6451

注："*""**""***"分别表示在10%、5%、1%水平上显著；括号内的数值为T值。

5.5 稳健性检验

5.5.1 内生性问题

在国家一系列政策的推动下，国内资本市场越来越多的上市公司开始实施员工持股计划，甚至有的上市公司至今已经实施了多次持股计划。在实践中，各上市公司实施员工持股计划的动机多元，实施员工持股计划的公司与没有实施计划的公司在结果上的差异可能仅反映了两组样本事前就存在的差异。实施员工持股计划公司可能是基于它们共有的某些自身因素驱动，并且相比较全部上市公司而言，实施员工持股计划的公司数的占比仍然较小，也并不是有规律地每年都推行员工持股计划。基于上述考虑，采取传统的单纯比较实施计划的公司和没有实施计划的公司极易受到公司自身特征的干扰，从而对研究结果产生影响。

第5章 员工持股计划与公司财务绩效

为了避免内生性问题,采用倾向得分匹配法对数据进行处理,作为一种常用的因果推断方法,可以有效减少复杂因素对分析结果的影响。在匹配方法的选择上,常见的方法有半径匹配、最近邻匹配、核匹配和分层匹配方法。结合变量特征,本书对成功实施员工持股计划的公司采取核函数匹配的方法,并对匹配后的样本再次进行回归分析,具体回归结果如表5-6所示。从模型(1)和模型(2)分别回归的结果看,采用倾向得分匹配法重新匹配样本后,两个模型的回归结果与基准回归的结果一致,进一步表明基准回归结果是可靠的。

表5-6 员工持股计划与公司财务绩效

变量	(1)总资产报酬率 Roa	(2)市值 Tobinq
Esop	-0.0026**	0.0916***
	(-2.47)	(4.08)
Size	0.0088***	-0.6682***
	(18.74)	(-33.22)
Lev	-0.1298***	0.0045
	(-54.71)	(0.07)
Cash	0.0299***	0.3336***
	(11.71)	(4.98)
Sale	0.0303***	0.3233***
	(31.76)	(11.00)
Exr	-0.0450***	-0.8180***
	(-8.05)	(-4.59)
Growth	0.0269***	0.0339**
	(26.72)	(2.04)
Soe	-0.0055***	-0.2034***
	(-7.51)	(-5.24)
Age	0.0005	0.7614***
	(1.13)	(39.89)
LnNum	0.0020***	-0.0120
	(4.72)	(-0.80)

续表

变量	(1) 总资产报酬率 Roa	(2) 市值 Tobinq
Dual	-0.0006	-0.0413**
	(-0.82)	(-2.45)
Top1	0.0001***	-0.0056***
	(5.61)	(-5.72)
Top5	0.0003***	0.0044***
	(11.88)	(5.33)
Ri	0.0029***	0.0530***
	(4.40)	(4.28)
_cons	-0.1588***	15.5145***
	(-18.88)	(37.78)
N	36198	36198
R^2	0.3010	0.6449

注:"*""**""***"分别表示在10%、5%、1%水平上显著;括号内为T值。

5.5.2 变量的滞后分析

为了减轻模型的内生性问题,综合现有文献的研究成果,根据上述模型(1)和模型(2),采用研究样本滞后一期的数据,对模型进行稳健性测试,回归结果仍然支持假设。将上市公司实施持股计划的事件滞后一期进行处理。回归结果如表5-7所示,滞后一期的持股计划(Esop)对企业总资产报酬率(Roa)的回归系数为-0.0043,表现为显著的负向影响作用;对市值(Tobinq)的回归系数为0.0798,对企业市值的影响表现为显著的正向作用。

表5-7　　　　　　　员工持股计划与公司财务绩效

变量	(1) 总资产报酬率 Roa	(2) 市值 Tobinq
L1.Esop	-0.0043***	0.0798***
	(-3.70)	(3.29)

续表

变量	（1）总资产报酬率 Roa	（2）市值 Tobinq
Size	0.0098***	-0.6656***
	(20.13)	(-30.86)
Lev	-0.1412***	0.0093
	(-59.24)	(0.15)
Cash	0.0464***	0.3646***
	(16.73)	(4.98)
Sale	0.0308***	0.3116***
	(30.67)	(10.06)
Exr	-0.0426***	-0.8561***
	(-7.34)	(-4.54)
Growth	0.0550***	0.1571***
	(27.98)	(6.68)
Soe	-0.0041***	-0.1918***
	(-5.26)	(-4.74)
Age	-0.0022***	0.7359***
	(-3.86)	(27.06)
LnNum	0.0020***	-0.0055
	(4.54)	(-0.35)
Dual	-0.0006	-0.0421**
	(-0.78)	(-2.37)
Top1	0.0002***	-0.0050***
	(7.60)	(-4.78)
Top5	0.0002***	0.0049***
	(7.00)	(5.44)
Ri	-0.0001	0.0495***
	(-0.08)	(3.91)
_cons	-0.1790***	14.4559***
	(-20.62)	(31.68)
N	32096	32096
R^2	0.3358	0.6737

注："*""**""***"分别表示在10%、5%、1%水平上显著；括号内为T值。

同时，为了更好地考察持股计划对公司财务绩效的长期影响，表 5-8 显示了对实施持股计划的相关变量滞后二期的回归结果。回归结果表明，滞后二期的持股计划对企业总资产报酬率（Roa）仍然表现为显著的负向影响作用，但是，对企业市值（Tobinq）表现为显著的正向作用。回归结果与基准回归结果一致。

表 5-8　　　　　　　　　　　　员工持股计划与公司财务绩效

变量	（1）总资产报酬率 Roa	（2）市值 Tobinq
L2. Esop	-0.0042***	0.0490*
	(-3.11)	(1.85)
Size	0.0102***	-0.6964***
	(19.00)	(-29.87)
Lev	-0.1396***	0.0092
	(-53.74)	(0.13)
Cash	0.0514***	0.3432***
	(16.22)	(4.06)
Sale	0.0306***	0.2917***
	(28.20)	(8.93)
Exr	-0.0424***	-0.9558***
	(-6.75)	(-4.56)
Growth	0.0519***	0.0929***
	(26.19)	(3.74)
Soe	-0.0041***	-0.2027***
	(-4.98)	(-4.72)
Age	-0.0012*	0.7365***
	(-1.77)	(18.75)
LnNum	0.0021***	0.0008
	(4.24)	(0.05)
Dual	-0.0007	-0.0389**
	(-0.83)	(-2.03)

续表

变量	（1）总资产报酬率 Roa	（2）市值 Tobinq
Top1	0.0002***	-0.0048***
	(7.42)	(-4.15)
Top5	0.0002***	0.0055***
	(5.46)	(5.46)
Ri	0.0005	0.0565***
	(0.65)	(4.17)
_cons	-0.1835***	15.8623***
	(-19.58)	(31.34)
N	28369	28369
R^2	0.3223	0.6879

注："*""**""***"分别表示在10%、5%、1%水平上显著；括号内为T值。

5.5.3 关键变量替换

表5-9列示了对回归模型的关键变量进行替换后的回归结果。即用净资产收益率（Roe）替代总资产报酬率（Roa）然后进行回归。其中，第（1）列显示了模型中只有员工持股计划一个变量时，其对净资产收益率（Roe）的影响；第（2）列显示了在加入控制变量后，员工持股计划对净资产收益率（Roe）的影响。第（1）列和第（2）列的回归结果显示，在替换关键变量后，无论时模型中是否加入控制变量，员工持股计划对净资产收益率具有显著的负向影响。具体而言，模型中加入控制变量后，实施员工持股计划对净资产收益率回归系数为-0.0087，在1%水平上显著负相关。因此，用替换因变量的方式进行稳健性检验，结果仍然表明，持股计划（Esop）对企业的净资产收益率（Roe）表现为显著的负向影响作用，回归结果稳健。

表 5-9　　　　　员工持股计划与公司财务绩效

变量	(1) 净资产收益率 Roe	(2) 净资产收益率 Roe
Esop	-0.0071***	-0.0087***
	(-2.63)	(-3.41)
Size		0.0211***
		(16.09)
Lev		-0.2460***
		(-28.71)
Cash		0.0170***
		(2.87)
Sale		0.0724***
		(25.69)
Exr		-0.1225***
		(-9.28)
Growth		0.0718***
		(27.46)
Soe		-0.0022
		(-1.08)
Age		0.0014
		(1.24)
LnNum		0.0059***
		(5.00)
Dual		-0.0039**
		(-2.20)
Top1		0.0005***
		(7.64)
Top5		0.0005***
		(6.54)
Ri		0.0047***
		(2.76)
_cons	0.0198*	-0.4598***
	(1.86)	(-19.76)
N	36917	36917
R^2	0.0155	0.1869

注："*""**""***"分别表示在10%、5%、1%水平上显著；括号内为T值。

为了进一步验证不同产权性质下员工持股计划效果，模型区分企业产权性质即国有企业和非国有企业，分别进行回归。回归结果如表5-10所示，无论是国有企业还是民营企业，实施员工持股计划不会显著改善公司的净资产收益率（Roe），与基准回归中的结果相同。

表5-10　　　　　　　员工持股计划与公司财务绩效

变量	国有企业	非国有企业
Esop	-0.0197***	-0.0092***
	(-3.87)	(-3.12)
Size	0.0259***	0.0184***
	(14.11)	(9.42)
Lev	-0.2493***	-0.2485***
	(-20.18)	(-21.03)
Cash	0.0366***	0.0101
	(3.41)	(1.40)
Sale	0.0688***	0.0745***
	(19.91)	(16.57)
Exr	-0.1446***	-0.1286***
	(-5.55)	(-8.26)
Growth	0.1238***	0.0610***
	(15.51)	(22.00)
Age	-0.0005	0.0023
	(-0.28)	(1.40)
LnNum	-0.0034**	0.0136***
	(-2.13)	(7.93)
Dual	-0.0040	-0.0018
	(-0.99)	(-0.93)
Top1	0.0003***	0.0006***
	(3.25)	(6.96)
Top5	0.0003**	0.0007***
	(2.31)	(6.93)

续表

变量	国有企业	非国有企业
Ri	0.0022	0.0041
	(0.94)	(1.62)
_cons	-0.4993***	-0.4226***
	(-15.89)	(-12.21)
N	14767	22150
R^2	0.2063	0.1971

注:"*""**""***"分别表示在10%、5%、1%水平上显著;括号内为T值。

5.6 异质性分析:产权性质分析

在基准回归的基础上,为了进一步考察不同企业性质可能对企业财务绩效产生的影响,本书将全部样本区分为国有企业和非国有企业,然后对回归模型(1)和模型(2)分别进行回归。表5-11的回归结果显示,回归模型(1)中,在国有企业样本中,实施员工持股计划其对总资产报酬率的回归系数为-0.0043,而非国有企业的回归系数则为-0.0027,两者均在1%水平上显著负相关,表明无论是国有企业还是非国有企业,实施员工持股计划对公司以总资产报酬率(Roa)衡量的财务业绩均具有显著的负向作用,没有显著改善公司财务业绩。在模型(2)的回归中,在以市值(Tobinq)为因变量的回归分析中,国有企业的回归系数为0.0769,但回归结果不显著;而非国有企业的回归系数为0.0459,回归结果在10%水平上显著,这说明实施员工持股计划可以有效促进非国有企业市值的提高,员工持股计划的长期市场效应作用显著。

回归结果表明,实施员工持股计划对企业的总资产报酬率具有显著的负向影响。经过一系列稳健性检验后,结果基本一致,这表明实施员工持股计划没有显著改善企业以总资产报酬率衡量的公司财务业绩。在异质性分析中，无论是国有企业还是非国有企业，员工持股计划均对总资产报酬率（净资产收益率）没有产生积极的效果。究其原因，可能主要表现在两个方面。一方面，由于实施员工持股计划，股权分散使公司决策变得更加复杂，决策效率降低，容易错失机会；另一方面，在员工持股计划中，可能会存在员工搭便车行为，影响了员工工作的积极性，进而降低了整个公司业绩。此外，为了获取股票增值收益，员工持股计划可能导致员工短期行为风险，即不再注重产品质量和技术创新，而是更多关注公司市值，最终对公司业绩产生不利影响。

表 5-11　　　　　　　　　员工持股计划与公司财务绩效

变量	（1）总资产报酬率 Roa		（2）市值 Tobinq	
	国有企业	非国有企业	国有企业	非国有企业
Esop	-0.0043**	-0.0027**	0.0769	0.0459*
	(-2.29)	(-2.18)	(1.62)	(1.70)
Size	0.0105***	0.0085***	-0.5686***	-0.7139***
	(18.22)	(11.42)	(-21.55)	(-23.60)
Lev	-0.1252***	-0.1371***	-0.1691*	0.0761
	(-40.23)	(-40.42)	(-1.87)	(0.91)
Cash	0.0373***	0.0271***	0.2684**	0.4370***
	(8.67)	(8.32)	(2.34)	(5.21)
Sale	0.0232***	0.0368***	0.2132***	0.4205***
	(20.58)	(23.65)	(6.11)	(9.03)
Exr	-0.0361***	-0.0549***	-0.6970**	-0.7391***
	(-3.74)	(-8.22)	(-2.21)	(-3.41)
Growth	0.0413***	0.0239***	0.0401	0.0324*
	(15.70)	(21.45)	(1.19)	(1.67)
Age	0.0009	0.0006	0.4762***	0.8465***
	(1.35)	(0.87)	(15.63)	(32.53)
LnNum	-0.0016***	0.0047***	-0.0507***	0.0354
	(-3.16)	(7.33)	(-2.74)	(1.47)
Dual	-0.0011	0.0003	-0.0248	-0.0401*
	(-0.81)	(0.37)	(-1.00)	(-1.83)

续表

变量	(1) 总资产报酬率 Roa		(2) 市值 Tobinq	
	国有企业	非国有企业	国有企业	非国有企业
Top1	0.0001 ***	0.0002 ***	-0.0036 ***	-0.0070 ***
	(2.61)	(5.70)	(-2.98)	(-4.67)
Top5	0.0002 ***	0.0005 ***	0.0022 **	0.0059 ***
	(4.39)	(11.12)	(2.09)	(4.81)
Ri	0.0025 ***	0.0024 **	0.0582 ***	0.0308
	(3.18)	(2.31)	(4.01)	(1.57)
_cons	-0.1736 ***	-0.1560 ***	14.0713 ***	15.9768 ***
	(-16.84)	(-11.24)	(26.01)	(22.51)
N	14767	22150	14767	22150
R^2	0.3300	0.3064	0.6618	0.6529

注："*""**""***"分别表示在10%、5%、1%水平上显著；括号内为T值。

5.7 本章小结

综上所述，本章选用了我国资本市场 A 股非金融上市公司 2014 年 7 月至 2023 年 12 月实施的员工持股计划样本，实证检验员工持股计划对上市公司财务绩效的影响。研究发现，第一，实施员工持股计划对企业总资产报酬率表现为显著的负向影响作用，表明公司实施员工持股计划没有显著改善企业以总资产报酬率衡量的公司财务业绩。第二，持股计划对企业市值（托宾Q）表现为显著的正向影响作用，说明持股计划可以显著地提高企业的市值（托宾Q），这表明企业实施员工持股计划会显著推动企业市值的提高。第三，通过异质性分析研究发现，实施员工持股计划可以有效促进国有企业和非国有企业市值的提高，但是对国有企业的长期市场效应更显著。

员工持股计划与公司非财务绩效

6.1 引言

2015年8月24日，中共中央、国务院印发了《中共中央、国务院关于深化国有企业改革的指导意见》，要求探索实行混合所有制企业员工持股，建立激励约束长效机制，从而为国有企业加快员工持股计划改革提供了政策依据。在国家和地方各级政府的政策推动下，上市公司、中央和地方国有企业开始从试点到推广实施员工持股计划。但是，实施员工持股计划的公司实践表明，实施员工持股计划的效果差异较大。实证研究也发现，员工持股计划在建立长效约束机制方面，尤其是推动公司财务业绩增长方面，不同学者仍有不同结论。员工持股计划并未实质性贡献于企业绩效改善，未能促进公司全要素生产率的提升（郭范勇、彭嘉欣，2024），部分公司的员工持股计划沦为变相的高管绩效式激励工具（马奔、仇勇，2024）；相反，陈菊花、陈雪雁（2017）则认为，员工持股计划虽然在长期内没有对企业业绩产生显著影响，但短期内能提高企业业绩。由于不同企业财务业绩衡量标准差异较大，不同的衡量标准也可能导致结论的不同。本书试图尝试考察上市公司实施员工计划可能带来的非财务业绩的表现，即员工持股计划的非财务业绩效应，这样就可以尽可能避免由于会计财务业绩衡量标准差异导致的结论偏差。

创新是引领发展的第一动力。在日趋激烈的市场竞争中，国内外企业都高度关注创新投入，以期通过创新获取竞争优势。创新是一个投入大、周期长、结果不确定、具有较高风险的复杂过程。在影响企业创新的因素中，除了外部制度环境因素外，最主要的因素是企业是否拥有的足够的创新人才和雄厚的资本实力。创新需要发挥科技人才的知识和能力，需要科技人才具有扎实的理论基础和实践技能。根据现行的相关规定，上市公司实施持股计划对象广泛，除了正常股权激励可能覆盖的管理层外，也可能包括部分核心技术员工。这部分基层核心员工是原来传统股权激励忽视的对象，但通过员工持股计划可享受额外的股权激励，从而有利于激发核心技术员工的积极性和创造性。因此，从实施员工持股计划的效果看，本书试图研究实施员工持股计划是否有利于提高企业创新的积极性，从而推动企业不断增加研发投入。同时，上市公司通过实施员工持股计划会筹集额外的资金，客观上有利于拓宽上市公司资金来源和融资渠道。因此，员工持股计划是否缓解了企业融资约束？员工持股计划是否通过缓解融资约束进而推动企业不断增加研发投入？有关员工持股计划的非财务绩效以及其具体的作用机理，都值得进一步深入研究。这些问题也是后续研究试图回答的问题。

　　本章基于我国资本市场 A 股实施员工持股计划的公司样本，实证检验企业实施员工持股计划的非财务业绩效应，即实施员工持股计划对企业创新绩效的影响。研究发现，第一，实施员工持股计划对企业创新投入表现为显著的正向影响作用，表明公司实施员工持股计划显著促进了公司研发创新。第二，作用机制分析中，上市公司实施员工持股计划是通过缓解融资约束推动企业研发投入的增长，从而为推动企业技术创新发展奠定坚实基础。由于技术创新的高风险性，银行信贷资本在科技创新中的作用有限，这也进一步凸显创新资本对技术创新发展的重要作用。在激烈的科技竞争中，企业只有不断拓宽创新融资渠道、增加创新投入，才能为后续的创新突破奠定基础。第三，在进一步分析中，无论是国有企业还是非国有企业，实施员工持股计划均对企业创新投入具有显著的正向作用，这表明企业实施员工持股计划具有显著的非财务业绩效应。

　　接下来内容安排如下：第二部分是理论分析与研究假设；第三部分是

研究设计；第四部分是实证结果分析，包括描述性统计分析、相关系数矩阵、多元回归分析；第五部分和第六部分是稳健性检验和进一步分析；第七部分是本章小结。

6.2 理论分析与研究假设

6.2.1 员工持股计划的非财务业绩效应

实施员工持股计划产生非财务业绩效应，主要体现在其对企业创新投入的影响。实施员工持股计划，激发员工参与创新的积极性、增强了团队合作，也提高了企业的风险承担水平，从而促进企业创新。一方面，从激励理论看，员工持股计划作为一种长期激励机制，不仅能够吸引优秀人才加入公司，而且通过吸引员工参加持股计划可以增强其归属感、有助于公司留住核心人才，从而对加强公司创新的可持续性具有重要意义。研究表明，企业实施员工持股计划会对企业员工产生激励效应（王砾、代昀昊、孔东民，2017），有利于增加企业创新的投入和产出，且持股比例越高，企业创新产出越多（田轩、孟清扬，2018；欧理平、赵瑜，2020）。通过员工持股计划的"利益绑定"功能，提升了员工在创新过程中的个人努力、团队协作和稳定性，提高了创新效率（孟庆斌、李昕宇、张鹏，2019）。竺李乐、李雪、毛毅翀（2023）从制度创新与技术创新的协同视角研究发现，国有企业实施员工持股计划对提高企业整体创新产出和利用式创新产出具有显著效果。员工持股计划作为一种激励方式，能将员工利益与企业利益有效结合，促进所有权与经营权的融合，在留住人才、吸引创新能力突出的人员进入企业方面发挥着重要作用（秦远建、杨捷，2020）。另一方面，从人力资本理论看，在经济发展中，人力资本的重要性日益凸显，能否发挥人力资本优势关系到企业创新能否成功。员工持股计划为公司员工提供了参与公司利润分配的机会，员工不仅可以获得劳动收益，而且还有机会获得人力资本收益；同时，通过持股计划的实施，公司股东有机会通过提供股权的方式吸引和挽留具有高价值人力资本的员工。不同契约特征的员工持股计划具有不同影响，激励型员工持股计划通过激励员工增加创新投入来促进企业创新发展（洪峰，2021）。

基于上述理论分析，提出以下假设：

H3：实施员工持股计划对企业研发投入具有激励效应，即员工持股计划与企业创新绩效具有正相关关系。

6.2.2　员工持股计划通过缓解企业融资约束来促进企业的科技创新

全面实施注册制改革以来，我国多层次资本市场不断发展完善，尤其是科创板块的快速发展，为科技创新企业融资提供极大的便利，从而促进战略新兴产业的迅速发展。但是，在整个企业融资结构里，我国企业融资渠道主要以间接融资为主，直接融资比重相对较小。同时，在我国间接融资市场上，非国有企业相比国有企业而言，往往会受到金融机构差别对待，国有企业往往比非国有企业更容易从信贷机构获得信贷资金支持。融资约束理论认为，资本市场的不完善使企业的内部与外部融资成本之间存在着显著差异，通常外部融资成本高于内部融资成本，且两者之间不存在完全的替代性，从而导致企业外部融资困难。企业必须要有资金用于满足其投资需求，当内部资金不充足时，必然要通过外部融资方式筹集资金。当企业受到融资约束时，其投资也将受到限制。具体而言，企业融资约束程度越高，用于投资的支出就越少。融资约束减少了企业可利用的资金，对于投资过度的企业而言，企业的管理者将会利用有限的资金选择更有价值的投资项目谨慎投资，在一定程度上抑制投资过度而提高投资效率；对于投资不足的企业而言，由于资金的来源受到限制，企业不得不放弃一些净现值为正的投资项目，而加剧投资不足（张悦玫等，2017）。在这样的融资环境中，理论和实务界认为企业融资存在融资约束问题。根据融资约束理论，当企业面临较高的融资约束程度，资金不足将导致投资支出就越少，甚至导致投资项目的减少。企业创新对资金投入需求巨大，在资金的期限、规模都有别于其他投资项目，投资风险也比较大。实施员工持股计划制度，可以直接为企业创新提供研发资金支持，并且融资成本低，能够缓解企业融资约束。融资约束程度较高的公司更倾向于以非公开发行的方式实施员工持股计划（孙即、张望军、周易，2017）。实施员工持股计划能够有效缓解高科技企业的融资约束，从而促进企业创新（秦远建、杨捷，2020）。一方面，实施员工持股计划可以直接为企业创新投资提高直接的资金支持，另一方面，实施持股计划本身作为一种信号机制，向市场传递公司积极发展的信号，进一步提高资本市场对企业估值、增强未来发展的信心。因此，实施员工持股计划，缓解了企业融资约束，进而支持企业研发投入并实现创新绩效。基于此，提出本章第二个研究假设如下：

H4：员工持股计划通过缓解融资约束来促进企业创新绩效的提升。

6.3 研究设计

6.3.1 样本选择与数据来源

本书采用我国资本市场 2014 年 7 月至 2023 年 12 月的 A 股上市公司为初始样本。在此基础上，对初始样本进行相关处理。（1）剔除了金融保险行业上市公司，剔除样本期间相关数据缺失的公司；（2）剔除上市不足一年的上市公司；（3）结合上市公司公告，在样本选择上，进一步剔除最终取消或停止实施计划的公司样本。为了消除极端值影响，本部分对所有涉及的连续型变量进行 1% 水平上的缩尾处理。相关数据主要来自万得（Wind）数据库、国泰安数据库，以及巨潮资讯网，采用的数据处理软件是 Stata14.0。

6.3.2 模型设定

为了研究上市公司实施员工持股计划的经济后果,检验上市公司员工持股计划与创新绩效(非财务绩效)的关系,参考郭范勇等(2024)及其他相关文献的研究方法,构建具体回归模型如下:

$$\text{LnRD}_{i,t} = \beta_0 + \beta_1 \text{ESOP}_{i,t} + \beta_2 \text{Controls}_{i,t} + \sum \text{ind} + \sum \text{year} + \varepsilon_{i,t}$$

其中,i和t分别表示公司和年份,$\text{LnRD}_{i,t}$为公司创新绩效的度量指标,具体而言,被解释变量创新绩效用研发投入(LnRD)衡量,主要解释变量$\text{ESOP}_{i,t}$为员工持股计划的虚拟变量,若i公司在t年正式实施员工持股计划则取值为1,否则取值为0;$\text{Controls}_{i,t}$表示回归模型选择的控制变量的集合,具体参见表1详细介绍。本模型同时控制了公司的行业固定效应(ind)和年度固定效应(year),$\varepsilon_{i,t}$表示回归模型的扰动项。

6.3.3 变量定义与测度

(1)被解释变量

用创新绩效(LnRD)衡量公司非财务绩效指标,即用上市公司年度研发费用的对数来衡量。现有文献在具体衡量公司创新绩效方面,主要从创新投入和创新产出及专利申请两大方面进行研究。科技创新投入具有投入大、风险大的特征,也就是说科研投入不一定有最终成果,但是,研发投入本身是企业创新的第一步,没有研发资金的投入,也就没有创新成果的产出。基于此,本书选择用研发投入指标来衡量公司的创新绩效,以更全面反映企业创新过程。

(2)解释变量

解释变量为企业是否实施员工持股计划(Esop)。该变量为虚拟变量,当企业实施员工持股计划则取值为1,否则为0。通过该变量用以考察实施员工持股计划对企业创新绩效的影响。

第6章 员工持股计划与公司非财务绩效

（3）控制变量

参照Meng等（2011）、郭范勇等（2024）的文献研究，本书选取的控制变量主要包括两类：一类是反映公司特征的控制变量，另一类是公司治理特征控制变量。①公司规模（Size），用公司总资产的自然对数衡量。企业规模越大，不良资产占比高，则可能会影响公司业绩。②资产负债率（Lev），用企业总负债和总资产的比值来衡量。③现金流（Cash），用企业年末的货币资金与交易性金融资产之和除以年末总资产来衡量。④总资产周转率（Sale），用企业年度营业收入除以总资产的比率来衡量。⑤成长能力（Growth），用企业当年末总资产除以上年末总资产衡量。⑥企业性质（Soe），虚拟变量，对于国有控股企业取1，否则取0。⑦公司年龄（Age），用企业考察年份和上市年份的时间差的自然对数取值衡量。⑧员工总人数（LnNum），用企业员工总人数的自然对数衡量。⑨两职合一（Dual），董事长和总经理是否两职合一，若是则为1，否则为0。⑩股权集中度，即第一大股东持股比例（Top1），用第一大股东持股除以总股数衡量。⑪市值（Tobinq），用公司市场价值除以年末总资产衡量。另外，还加入上市公司年度和行业虚拟变量，对行业与时间进行控制，消除其对回归结果的影响。

上述各变量的解释如表6-1所示。

表6-1　　　　　　　　　　　主要变量

	变量名称	变量符号	变量定义
被解释变量	创新绩效	LnRD	公告日所属年度研发投入金额的对数
解释变量	员工持股计划	Esop	企业在样本期间实施员工持股计划取1，否则为0
控制变量	公司规模	Size	公告日所属年末企业总资产的自然对数
	资产负债率	Lev	公告日所属年末年末负债总额/年末总资产
	现金流	Cash	（货币资金+交易性金融资产）/年末总资产
	总资产周转率	Sale	营业收入/年末总资产
	市值	Tobinq	公司市场价值/年末总资产
	成长能力	Growth	用当期总资产/上期总资产
	产权性质	Soe	国有企业取1，否则取0
	公司年龄	Age	（当年年份-公司上市年份）+1取对数

续表

变量名称		变量符号	变量定义
控制变量	员工总人数	LnNum	公告日所属年末用员工总人数的对数
	两职合一	Dual	董事长和总经理是否两职合一,若是则为1,否则为0
	第一大股东持股比例	Top1	用第一大股东持股除以总股数
	年度	year	公告日所属年度的虚拟变量
	行业	Ind	公司所属行业的虚拟变量

6.4 实证结果分析

6.4.1 描述性统计

表6-2列示了回归模型的主要变量的描述性统计。从样本的描述性统计结果可以看出,企业的创新绩效(LnRD)的均值为17.82,全样本的研发投入的对数最高的约为21.88,最低的约为13.27。在已经披露研发投入的上市公司样本中,关键解释变量是否实施员工持股计划(Esop)的均值0.3054,表明在样本期间,发布实施员工持股计划的上市公司占样本总观测量的比重为30.54%。在其他控制变量中,公司资产负债率(Lev)平均41.67%,最大值高达88.37%,最小值仅为5.46%,各公司之间资产负债率水平差距显著。总资产周转率(Sale)的平均值为62.11%,表明上市公司资产管理效率比较高,营运能力强。企业性质(Soe)表明在现有的样本中,国有企业的样本数量占比34.29%。从上市公司股权结构看,第一股东持股比例平均值为33.96%,最大值为73.13%,最小值为8.8%,说明样本公司的股权比例分布差异较大;两职合一的比例平均为28.78%。

表6-2　　　　　　　　　主要变量的描述性统计分析

变量	均值	标准差	最小值	最大值	样本量
LnRD	17.8260	1.5509	13.2655	21.8764	24462
Esop	0.3054	0.4606	0.0000	1.0000	24462
Size	22.1897	1.2745	19.9771	26.2476	24462
Lev	0.4167	0.1994	0.0546	0.8837	24462
Cash	0.8229	1.2967	0.0247	8.4768	24462
Sale	0.6211	0.3873	0.1000	2.3626	24462
Tobinq	2.0923	1.3068	0.8571	8.3787	24462
Growth	0.1611	0.2996	-0.2944	1.9193	24462
Soe	0.3429	0.4747	0.0000	1.0000	24462
Age	2.1070	0.7697	0.6931	3.3322	24462
LnNum	7.7576	1.1849	5.2832	11.1653	24462
Dual	0.2878	0.4528	0.0000	1.0000	24462
Top1	33.9597	14.4752	8.8000	73.1300	24462

资料来源：作者计算整理。

6.4.2　相关系数分析

表6-3列示了回归模型中的各主要变量的相关系数。根据相关系数矩阵结果显示，员工持股计划与企业创新绩效（LnRD）的相关系数为0.104，并且在1%水平上显著正相关，说明员工持股计划与企业创新投入（创新绩效）具有显著的正向关系，实施员工持股计划有利于促进企业创新活动、增加创新投入，初步验证假设H3。其他控制变量相关系数均为在合理范围，说明各变量之间不存在明显的多重共线性问题。

表6-3　　　　　　　　　主要变量的相关系数

变量	(1)	(2)	(3)	(4)	(5)	(6)	(7)
LnRD	1						
Esop	0.104***	1					

续表

变量	(1)	(2)	(3)	(4)	(5)	(6)	(7)
Size	0.525***	-0.011*	1				
Leverage	0.143***	-0.066***	0.498***	1			
Cash	-0.116***	0.014**	-0.281***	-0.562***	1		
Sale	0.131***	-0.00200	0.080***	0.187***	-0.185***	1	
Tobinq	-0.097***	0.028***	-0.356***	-0.283***	0.188***	-0.040***	1
Growth	0.059***	0.053***	0.078***	0.034***	-0.018***	-0.032***	0.050***
Soe	0.060***	-0.293***	0.370***	0.302***	-0.136***	0.106***	-0.139***
Age	0.123***	-0.071***	0.446***	0.360***	-0.271***	0.090***	-0.066***
LnNum	0.536***	0.031***	0.784***	0.416***	-0.293***	0.255***	-0.273***
Dual	-0.00800	0.069***	-0.170***	-0.136***	0.095***	-0.067***	0.068***
Top1	0.030***	-0.107***	0.196***	0.050***	0.00500	0.101***	-0.099***

变量	(8)	(9)	(10)	(11)	(12)	(13)
Growth	1					
Soe	-0.078***	1				
Age	-0.116***	0.456***	1			
LnNum	0.046***	0.320***	0.355***	1		
Dual	0.044***	-0.300***	-0.229***	-0.150***	1	
Top1	0.011*	0.215***	-0.084***	0.195***	-0.056***	1

注:"*""**""***"分别表示在10%、5%、1%水平上显著。

通过对回归模型的变量进行了多重共线性检验(见表6-4),结果显示,回归模型的各变变量的方差膨胀因子均小于10,平均方差膨胀因子为1.66,说明变量之间不存在明显的共线性。

表6-4　　　　　　　　　多重共线性检验

变量	VIF	1/VIF
Size	3.541	0.282
LnNum	2.903	0.345

续表

变量	VIF	1/VIF
Lev	1.89	0.529
Age	1.677	0.596
Soe	1.57	0.637
Cash	1.525	0.656
Tobinq	1.21	0.826
Top1	1.173	0.853
Sale	1.163	0.86
Dual	1.115	0.897
Esop	1.096	0.912
Growth	1.056	0.947
Mean VIF	1.66	

资料来源：作者计算整理。

6.4.3 多元回归结果分析

表 6-5 列示了多元回归模型的回归结果。回归结果分两列展示，其中，第（1）列显示了模型中只有员工持股计划一个变量时，员工持股计划对公司非财务绩效的影响即创新绩效的（LnRD）的影响；第（2）列显示了在加入其他控制变量后，员工持股计划对企业创新绩效的（LnRD）的影响。在第（1）列的回归中，员工股持股计划（Esop）的系数为 0.4386 且在 1% 水平上显著，在没有其他控制变量的情况下，员工持股计划对创新投入表现为显著的正向影响。在加入其他控制变量的情况下，第（2）列的回归结果显示，员工股持股计划（Esop）的系数为 0.1561 且在 1% 水平上显著。回归结果表明，员工持股计划对创新投入表现为显著的正向影响，员工持股计划的实施推动了企业创新投入，提升了企业创新绩效（非财务绩效）。因此，假设 H3 得到了验证。

表6-5 员工持股计划与公司非财务绩效

变量	(1) 创新绩效 LnRD	(2) 创新绩效 LnRD
Esop	0.4386***	0.1561***
	(19.36)	(10.07)
Size		0.7252***
		(60.24)
Lev		-0.9690***
		(-20.49)
Cash		-0.0022
		(-0.43)
Sale		0.5300***
		(21.52)
Tobinq		0.0713***
		(12.71)
Growth		-0.0315
		(-1.37)
Soe		0.0328*
		(1.81)
Age		-0.2119***
		(-18.80)
LnNum		0.2927***
		(25.07)
Dual		0.0590***
		(4.64)
Top1		-0.0030***
		(-6.47)
_cons	15.4349***	-1.6505***
	(108.15)	(-6.83)
N	24462	24462
R^2	0.2515	0.6327

注:"*""**""***"分别表示在10%、5%、1%水平上显著;括号内的数值为T值。

6.4.4 融资约束的中介效应分析

企业实施员工持股计划可显著地促进企业创新绩效提升，进一步探讨其具体作用机制或者机理对完善相关政策制度具有重要的意义。由于企业创新活动需要资金的持续投入，资金需求大并且周期长，同时，企业发展过程中，尤其是科研创新中，往往会受到融资约束的限制，成为阻碍企业创新的障碍。融资约束（SA）可能会受到企业外部市场环境、金融政策，以及企业内部财务状况、信用水平等因素影响。企业面临的融资约束程度增加时，其获得资金的难度就增加；而当企业面临的融资约束程度降低时，企业就会比较容易获得资金，或者获得资金的成本比较低。衡量融资约束程度的方法有 KZ 指数、WW 指数和 SA 指数，其中，由于 KZ 指数、WW 指数两种方法往往难以克服内生性困难，其中最常用的指数是 Hadlock 和 Pierce（2010）的 SA 指数。在该指数中，指标数值越小，融资约束越大。SA 指数在计算时选取企业规模与年龄这两个外生性更强、更具时间稳定性的指标，对融资约束的衡量更加客观（于晓红、周紫荆、李晶晶，2022）。

SA 指标的具体计算方法如下：

$SA = -0.737 \times Size + 0.043 \times Size^2 - 0.04 \times Age$。

表 6-6 列示了中介效应的回归结果。回归结果分两列展示，其中，第（1）列显示了融资约束（SA）为因变量时的回归结果，即员工持股计划的系数为 -0.0170，并且在 1% 水平上显著，说明员工持股计划与融资约束显著负相关，即实施员工持股计划增加了企业资金投入，进而有利于缓解企业融资约束。第（2）列显示了创新绩效（LnRD）作为因变量的回归结果，融资约束（SA）的系数为 -0.4336，并且在 1% 水平上显著；员工持股计划的系数为 0.1487，并且在 1% 水平上显著，表明企业实施员工持股计划是通过缓解融资约束来促进企业创新投入的增加和创新绩效的提升。因此，假设 H4 得到了验证。

表 6-6 员工持股计划、融资约束与公司非财务绩效

变量	（1）融资约束 SA	（2）创新绩效 LnRD
Esop	-0.0170***	0.1487***
	(-10.70)	(9.64)
Size	1.2231***	1.2555***
	(856.60)	(13.21)
Lev	0.0128***	-0.9634***
	(3.19)	(-20.40)
Cash	0.0084***	0.0014
	(15.52)	(0.28)
Sale	-0.0065***	0.5272***
	(-3.55)	(21.44)
Tobinq	0.0157***	0.0781***
	(25.00)	(14.13)
Growth	-0.0362***	-0.0472**
	(-18.30)	(-2.04)
Soe	0.0127***	0.0383**
	(8.24)	(2.11)
Age	-0.0637***	-0.2395***
	(-55.83)	(-19.56)
LnNum	0.0004	0.2928***
	(0.40)	(25.08)
Dual	0.0081***	0.0626***
	(6.33)	(4.93)
Top1	0.0002***	-0.0030***
	(3.75)	(-6.31)
SA		-0.4336***
		(-5.51)
_cons	-22.2251***	-11.2866***
	(-796.44)	(-6.55)

续表

变量	（1）融资约束 SA	（2）创新绩效 LnRD
N	24462	24462
R^2	0.9967	0.6333

注："*""**""***"分别表示在10%、5%、1%水平上显著；括号内的数值为T值。

6.5 稳健性检验

6.5.1 关键变量替换

表6-7列示了对回归模型的关键变量进行替换后的回归结果，即用研发费用率（Rate）即研发费用占营业收入的比重作为因变量重新进行回归。第（1）列的回归结果表明，在没有任何控制变量的情况下，员工持股计划的系数为0且不显著。增加了控制变量后，第（2）列的回归结果显示，实施员工持股计划对研发费用率的系数为0.0025，在1%水平上显著正相关。因此，用替换因变量的方式进行稳健性检验，结果仍然表明，持股计划（Esop）对企业创新投入仍然表现为显著的正向作用，回归结果稳健。

表6-7　员工持股计划与公司非财务绩效

变量	（1）研发费用率 Rate	（2）研发费用率 Rate
Esop	-0.0000	0.0025***
	(-0.01)	(3.13)
Size		-0.0017***
		(-3.12)
Lev		-0.0174***
		(-7.05)

续表

变量	（1）研发费用率 Rate	（2）研发费用率 Rate
Cash		0.0044***
		(7.35)
Sale		-0.0265***
		(-27.93)
Tobinq		0.0048***
		(12.36)
Growth		-0.0073***
		(-5.47)
Soe		0.0011
		(1.30)
Age		-0.0075***
		(-13.31)
LnNum		0.0026***
		(5.01)
Dual		0.0029***
		(3.82)
Top1		-0.0002***
		(-7.38)
_cons	-0.0198	0.0106
	(-1.23)	(0.65)
N	11805	11805
R^2	0.3637	0.4770

注："*""**""***"分别表示在10％、5％、1％水平上显著；括号内的数值为T值。

为了进一步检验不同产权性质下实施员工持股计划的经济效果，在基准回归的基础上，本书将全部样本区分为国有企业和非国有企业，然后对样本分别进行回归。表6-8列示了区分不同性质即国有企业和非国有企业的多元回归分析结果。回归结果表明，在国有企业样本中，员工持股计划（Esop）的系数为0.0029，并且在10％水平上显著；在非国有企业样本中，实施员工持股计划（Esop）的系数为0.0031，并且在1％水平上显著。这表明,无论是国有企业还是民营企业,实施员工持股计划都会显著提高公司的研发投入规模。该结果与基准回归中的结果基本一致。

表 6-8　　　　　　　　员工持股计划与公司非财务绩效

变量	国有企业	非国有企业
Esop	0.0029 *	0.0031 ***
	(1.76)	(3.34)
Size	-0.0026 ***	-0.0018 **
	(-4.08)	(-2.29)
Lev	-0.0203 ***	-0.0171 ***
	(-4.88)	(-5.55)
Cash	0.0013	0.0046 ***
	(1.14)	(6.92)
Sale	-0.0167 ***	-0.0340 ***
	(-14.49)	(-24.93)
Tobinq	0.0025 ***	0.0056 ***
	(4.24)	(12.11)
Growth	-0.0016	-0.0102 ***
	(-0.94)	(-5.74)
Age	-0.0060 ***	-0.0089 ***
	(-6.35)	(-12.10)
LnNum	0.0023 ***	0.0033 ***
	(3.37)	(4.73)
Dual	0.0000	0.0030 ***
	(0.01)	(3.56)
Top1	-0.0001 ***	-0.0002 ***
	(-4.29)	(-5.97)
_cons	0.0924 ***	0.0129
	(8.12)	(0.66)
N	3615	8190
R^2	0.5079	0.4529

注:" * "" ** "" *** "分别表示在10%、5%、1%水平上显著;括号内的数值为T值。

6.5.2 内生性问题

为了避免内生性问题,采用倾向得分匹配对数据进行处理,作为一种常用的因果推断方法,可以有效减少复杂因素对分析结果的影响。在匹配方法的选择上,常见的方法有半径匹配、最近邻匹配、核匹配和分层匹配方法。结合变量特征,本书对成功实施员工持股计划的公司采取核函数匹配的方法,并对匹配后的样本再次进行回归分析,具体回归结果如表6-9所示。从第(1)列和第(2)列分别回归的结果看,结果表明,采用倾向得分匹配法重新匹配样本后,两个模型的回归结果与基准回归的结果一致,进一步表明基准回归结果是可靠的。

表6-9   员工持股计划与公司非财务绩效

变量	(1) 创新绩效 LnRD	(2) 研发费用率 Rate
Esop	0.1571***	0.0025***
	(10.14)	(3.18)
Size	0.7196***	-0.0015***
	(59.31)	(-2.76)
Lev	-0.9526***	-0.0180***
	(-20.17)	(-7.27)
Cash	-0.0004	0.0043***
	(-0.07)	(7.06)
Sale	0.5326***	-0.0267***
	(21.50)	(-27.71)
Tobinq	0.0714***	0.0048***
	(12.76)	(12.33)
Growth	-0.0374	-0.0075***
	(-1.63)	(-5.51)
Soe	0.0357**	0.0013
	(1.97)	(1.52)

续表

变量	(1) 创新绩效 LnRD	(2) 研发费用率 Rate
Age	-0.2079***	-0.0078***
	(-18.43)	(-13.52)
LnNum	0.2941***	0.0026***
	(25.04)	(4.79)
Dual	0.0567***	0.0027***
	(4.47)	(3.61)
Top1	-0.0030***	-0.0002***
	(-6.41)	(-7.66)
_cons	-1.5867***	0.0090
	(-6.53)	(0.54)
N	24048	11468
R^2	0.6334	0.4703

注："*""**""***"分别表示在10%、5%、1%水平上显著；括号内的数值为T值。

6.6　进一步分析：产权性质分析

为了进一步验证不同产权性质可能对研究结果的影响，在基准回归的基础上，区分国有企业和非国有企业的性质，分别对样本进行回归。回归结果如表6-10所示。回归结果显示，无论是国有企业还是民营企业，实施员工持股计划显著促进了公司研发投入，促进了企业创新绩效的提升。回归系数还表明，由于非国有企业的系数为0.1652，国有企业的系数为0.1355，表明实施员工持股计划对非国有企业的创新绩效的作用要比国有企业更大。整体回归结果与基准回归结果相同。

表6-10　　　　　　　　员工持股计划与公司非财务绩效

变量	国有企业	非国有企业
Esop	0.1355***	0.1652***
	(3.17)	(10.10)
Size	0.7371***	0.7041***
	(35.95)	(47.34)
Lev	-1.4575***	-0.7402***
	(-16.70)	(-13.64)
Cash	-0.0689***	0.0041
	(-4.14)	(0.80)
Sale	0.5075***	0.5037***
	(13.09)	(16.30)
Tobinq	0.0362***	0.0821***
	(2.99)	(13.20)
Growth	0.0537	-0.0805***
	(1.03)	(-3.37)
Age	-0.2537***	-0.2176***
	(-11.28)	(-16.64)
LnNum	0.2725***	0.3162***
	(12.69)	(23.11)
Dual	0.0284	0.0811***
	(0.72)	(6.36)
Top1	-0.0027***	-0.0037***
	(-2.86)	(-7.29)
_cons	-2.2042***	-0.3928
	(-5.95)	(-1.36)
N	8388	16074
R^2	0.6623	0.6357

注："*""**""***"分别表示在10%、5%、1%水平上显著；括号内的数值为T值。

6.7　本章小结

综上所述，本章基于我国 A 股上市公司样本，实证检验了企业实施员工持股计划对企业创新绩效的影响。研究发现，实施员工持股计划对企业研发投入具有显著的正向影响作用，表明实施员工持股计划显著促进了公司研发创新。进一步的作用机制分析表明，上市公司实施员工持股计划是通过缓解融资约束推动企业研发投入的增长，缓解融资约束为成为员工持股计划作用与企业创新绩效的主要机制。这也进一步凸显资本市场对促进创新发展的重要作用。日趋激烈的国内外市场竞争中，只有不断拓宽企业创新融资渠道、增加创新投入，才能为企业后续的创新突破奠定基础。另外，无论是国有企业还是非国有企业，实施员工持股计划均对企业创新投入具有显著的正向作用，这表明企业实施员工持股计划具有显著的非财务业绩效应。由于企业面临的融资约束程度越大，资金就越紧张，可能导致研发投入就越少，进而导致企业创新投入不足，降低企业的创新产出和绩效。

国有企业实施员工持股计划的案例研究

7.1 引言

党的十八届三中全会《中共中央关于全面深化改革若干重大问题的决定》中明确提出允许混合所有制经济实行员工持股,形成资本所有者和劳动所有者利益共同体;《国务院关于进一步促进资本市场健康发展的若干意见》明确指出,允许上市公司按规定通过多种形式开展员工持股计划。为了更好地促进上市公司规范实施员工持股计划,证监会于 2014 年 6 月 30 日颁布实施《关于上市公司实施员工持股计划试点的指导意见》(以下简称《指导意见》),成为规范上市公司开展员工持股计划的重要指南,为稳妥有序开展员工持股计划试点奠定了基础。2016 年 8 月,国务院国资委印发《关于国有控股混合所有制企业开展员工持股试点的意见》,明确了国有控股企业开展员工持股试点应遵循的原则,规定试点企业的条件,详细规定了员工的范围、出资形式、入股价格、持股比例及持股方式,以及员工股权管理等。

在山东省的经济版图中,国有企业比重一直比较高。山东省作为全国第三大经济大省,具有完整的工业体系。在深化国有企业混合所有制改革的背景下,激活国有企业活力,加快实现新旧动能转换,亟须系统总结当前国有企业员工持股计划实施过程的制度创新,并对改革过程中的困境和问题进行系统的研究。为了规范省属国有企业员工持股试点工作,2017 年

1月,山东省国资委、财政厅和山东证监局联合印发《山东省属国有企业员工持股试点工作实施细则》(见表7-1),要求坚持依法合规、增量优先等原则,以构建长效激励机制为目标,形成资本所有者和劳动者利益共同体为目标,提高员工对企业长远发展的关切度,以及经营管理的参与度,充分调动人才积极性、主动性和创造性,增强国有企业活力、竞争力。2018年3月1日,山东省国资委公布了第一批试点的5户名单,标志着山东省属国有企业员工持股计划试点工作进入实践操作环节。在加快推动国有企业混合所有制改革的背景下,山东省针对国有企业先后出台一系列改革政策,不断探索完善国有企业员工持股计划的激励机制,丰富国有企业混合所有制改革形式和内容。

表7-1 山东省属国有企业员工持股试点工作主要内容

方案要点	主要内容
试点企业范围	(一)省国资委履行出资人职责的省属国有控股企业,国有参股企业的员工持股不纳入试点范围。 (二)已完成或拟实施混合所有制改革的企业
员工持股范围	(一)企业中高层管理人员。 (二)对企业整体业绩和中长期发展具有重要作用的经营管理人才、科技人才和业务骨干。 (三)符合以上条件的人员必须与本企业签订了劳动合同
员工持股额度	员工持股总额度原则上不高于改制后企业总股本的30%。实施员工持股后,应保证国有股东控股地位,且国有股东持股比例不得低于企业总股本的34%。符合持股条件的员工,可在对应的个人持股份额内自愿选择实际持股额度,但单一员工持股额度原则上不得高于改制后企业总股本的1%
员工入股价格	员工入股价格不得低于经核准或备案的每股净资产评估值。 已完成混合所有制改革或拟实施混合所有制改革的企业,员工持股可与引入战略投资者同步实施,入股价格与外部投资者"同股同价"。国有控股上市公司员工入股价格按照证券监管有关规定执行
出资方式	以货币出资为主;不得向员工无偿赠予股份;不得为持股员工垫资或借款等
员工持股方式	持股员工可以自然人身份持股,或通过公司制企业、合伙企业、资产管理计划等持股载体持有股权
股权流转机制	员工持股应设定不少于36个月的锁定期

注:山东省国资委等印发《山东省属国有企业员工持股试点工作实施细则》(2017年3月)。

在国有企业实施员工持股计划的实践中，一个良好的持股计划方案的设计关系到其最终的实施效果。一个好的员工持股计划方案如何长期有效地形成激励机制？如何平衡持股比例和激励目的？对这些问题的探索需要聚焦微观企业去认识。本章聚焦企业实践的微观层面，选择新华制药公司作为案例研究对象，全面深入研究混合所有制改革背景下国有企业员工持股计划实践。选择新华制药公司为例，主要基于两点考虑，首先，新华制药是山东省国资委实际控制的国有企业，作为较早开展员工持股计划的国有上市公司，研究新华制药员工持股计划的方案特征及其实际效果，有利于进一步完善国有企业员工持股计划方案，丰富国有企业员工激励机制，进而加快国有企业改革步伐。其次，在近6年的时间里，经过新华制药全体员工的共同努力，公司完整实施了一次员工持股计划。在宏观层面全面梳理我国资本市场上市公司员工持股计划总体特征及其产生的财务和非财务效应的基础上，以新华制药公司为例研究员工持股计划，有利于从微观层面全面梳理方案的内容，对诸如员工持股计划对象、员工持股比例等关键内容积累国企改革经验，为更多的公司实施员工持股计划提供借鉴。

新华制药公司作为一家国有控股的上市公司，在实施公司非公开发行证券过程中同步实施了第一期员工持股计划方案。研究发现，新华制药公司实施的第一期员工持股计划方案，其制定实施的程序合法合规、内容规范、目标明确。在实施员工持股计划后，员工的积极性、主动性得到很好的激励，公司的财务绩效和创新绩效均得到不同程度的提升，基本达到了实施员工持股计划的目的。这也表明，实施持股计划将员工利益与企业利益进行捆绑，有利于增强员工的积极性、激发其工作热情，进而推动公司各项工作的顺利开展。

本章后文内容安排如下：第二部分是新华制药公司简介；第三部分是案例公司员工持股计划实施过程和具体方案；第四部分是案例公司员工持股计划实施动因分析；第五部分是案例公司员工持股计划的实施效果；第六部分是本章小结。

7.2 新华制药公司简介

7.2.1 公司财务业绩表现

山东新华制药股份有限公司（以下简称新华制药）于1993年在深圳证券交易所挂牌上市。公司属于医药制造业，主要从事开发、制造和销售化学原料药、制剂、医药中间体及其他产品。公司经过80多年的发展，已经形成了完备的产业基础，建立了由精细化工原料到原料药的产业链，形成了布洛芬系列、阿司匹林系列等七大原料药产品系列，多项产品技经指标具有领先优势。公司目前是山东省首批制造业单项冠军企业，是亚洲主要的解热镇痛类药物生产出口基地。公司作为国内医药出口五强企业，与拜耳等200多家知名跨国企业建立了长期战略合作关系，国际化优势突出，是山东省首家、全国首批15家实施制剂国际化战略先导企业之一和全国制剂出口十强企业。公司拥有的"新华牌"商标是中国驰名商标，是商务部认定的"重点培育和发展的中国出口名牌"。公司注重科技创新能力提升，建立了较为完备的新药科研开发体系，并拥有国家企业技术中心、院士工作站、博士后工作站、泰山学者岗位，公司为国家级高新技术企业、国家火炬计划重点高新技术企业，国家综合性新药研发技术大平台（山东）产业化示范企业、山东省第二批创新型企业试点企业、山东省技术创新示范企业。目前，新华制药公司已经实现深圳证券交易所（A股）和香港联合交易所有限公司（H股）两地上市。

近年来，随着人民生活水平的提高、政府公共卫生投入的加大，以及人口老龄化程度不断加剧，人们对健康问题越发重视，我国医药行业得到了快速发展，医药行业市场规模保持稳步增长。2023年8月25日，国务院常务会议审议通过《医药工业高质量发展行动计划（2023—2025年）》，强调要着眼医药研发创新难度大、周期长、投入高的特点，给予全链条支持，鼓励和引导龙头医药企业发展壮大，提高产业集中度和市场竞争力。整体来看，高质量、创新发展已经成为医药行业未来发展的主旋律。

由图7-1可知，近五年来，新华制药公司充分利用自身的规模化、产业链配套等发展优势，营业收入、净利润和资产总额等多项财务指标表现突出，实现了较快增长。公司的营业收入从2019年56.06亿元逐年增长到2023年81.01亿元，实现了年均9.12%的增长速度，尤其是2022年，公司营业收入同比增长14.37%，实现近五年来的最大增速。在营业收入增长的同时，公司净利润也从2019年的3.23亿元增长到2013年的5.06亿元，实现了年均13.2%的增长，由于公司在医药制造领域的优势，成本得到有效控制，净利润的增速比收入增速明显加快。截至2023年12月31日，新华制药公司资产总额达到了82.86亿元，从2019年的64.36亿元，实现年均6.94%的增长速度。近年来，在行业快速发展背景下，新华制药公司充分发挥自身规模优势、品牌优势，充分利用国家政策取得了较好的发展业绩，在公司收入、资产规模等方面实现了不同程度的发展壮大。

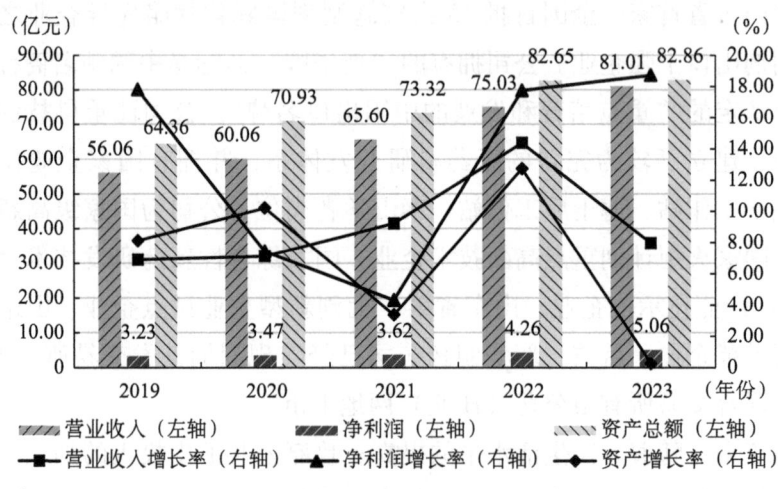

图7-1　新华制药公司2019—2023年业绩情况

注：数据来自新华制药公司2019—2023年年报，作者整理得出。

7.2.2 新华制药公司的股权结构

2023年的公司年报数据显示，截止到2023年12月31日，新华制药公司的前十大股东持股比例合计65.69%，股权相对比较集中（见表7-2）。

表7-2　　　　　　　　新华制药公司前十大股东情况

股东名称	股东性质	持股比例（%）	报告期末持股数（股）
华鲁控股集团有限公司	国有法人	30.36	204864092
香港中央结算（代理人）有限公司	其他	28.65	193314147
华鲁投资发展有限公司	国有法人	5.50	37091988
香港中央结算有限公司	境外法人	0.38	2552691
于海涛	境内自然人	0.21	1385300
银河德睿资本管理有限公司	其他	0.15	1027330
胡魁	境内自然人	0.12	807900
兴业银行股份有限公司－万家成长优选灵活配置混合型证券投资基金	其他	0.12	783115
何中林	境内自然人	0.11	761600
郭凤英	境内自然人	0.09	612425

注：根据新华制药公司2023年年报整理（截至2023年12月31日）。

如表7-2所示，在公司前十大股东中，持股比例5%以上的股东只有三家，其他股东持股比例均低于1%。其中，第一大股东为华鲁控股集团有限公司持股比例最高，占比30.36%；其次，分别是香港中央结算（代理人）有限公司占比28.65%、华鲁投资发展有限公司持股占比5.50%。由于华鲁投资发展有限公司是华鲁控股集团有限公司的全资子公司，新华制药的国有股占比合计35.86%，国有股占主导地位。

图7-2列示了新华制药公司的股权结构。2019年4月3日，新华制

药公司控股股东由山东新华医药集团有限责任公司变更为华鲁控股集团有限公司（以下简称华鲁控股），但是，公司的最终控制人仍然是山东省国资委（见图7-2）。华鲁控股作为山东省重要的国有资本投资公司平台，属于国有全资公司，业务范围涵盖高端化工、生物医药等领域，同时也是山东省内最强生态环境综合服务商。

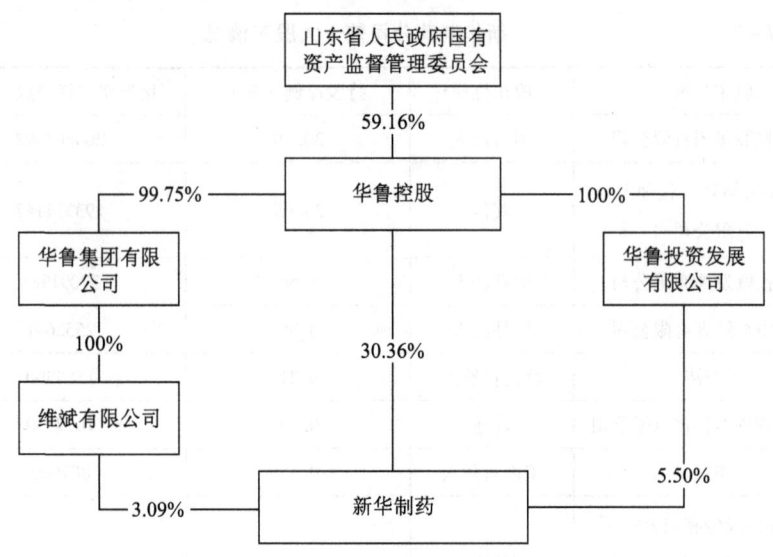

图7-2 新华制药公司股权结构

资料来源：新华制药公司2023年公司年报。

7.3 新华制药公司员工持股计划实施过程和方案

7.3.1 新华制药公司员工持股计划实施过程

2015年10月8日，山东新华制药股份有限公司董事会公布《山东新华制药股份有限公司第一期员工持股计划（草案）（认购非公开发行股票方式)》(以下简称《持股计划(草案)》),标志着公司在实施非公开发行认购股票同时启动实施员工持股计划。经过两年的时间,完成了员工持股计划认购股票上市,公司第一期员工持股计划持有的股份于2017年10月13日在深交所上市,并于2020年10月13日锁定期界届满解除限售。公司第一期员工持股计划存续期于2022年3月28日届满,并最终于2022年5月12日全部减持完毕(见表7-3)。

表7-3　　　　　　　　新华制药公司员工持股计划实施过程

年份	日期	事项
2015	10月8日	董事会审议通过《山东新华制药股份有限公司第一期员工持股计划(草案)(认购非公开发行股票方式)》
	10月8日	职工代表大会审议通过《山东新华制药股份有限公司第一期员工持股计划(草案)》及其摘要
	10月8日	监事会审议通过《山东新华制药股份有限公司第一期员工持股计划(草案)(认购非公开发行股票方式)》
	12月17日	山东省国资委下发《山东省国资委关于山东新华制药股份有限公司非公开发行股票有关问题的批复》
2016	9月14日	董事会审议通过《山东新华制药股份有限公司第一期员工持股计划(草案)(认购非公开发行股票方式)(修订稿)》
	12月7日	中国证监会发审会审核通过公司非公开发行A股股票
2017	1月12日	公司第一期员工持股计划管理委员会成立
	4月26日	证监会批复《关于核准山东制药股份有限公司非公开发行股票的批复》
	10月13日	员工持股计划非公开认购股票在交易所上市
2020	10月13日	员工持股计划与其他参与非公开发行的股东持有的公司股份解除限售条件并上市流通
2021	12月17日	员工持股计划管理委员会决定,在存续期内员工持股计划视情况减持公司股份
2022	3月24日	董事会审议通过《关于公司第一期员工持股计划延期的议案》(对员工持股计划存续期限展期12个月,即延期至2023年3月28日)
2022	5月12日	员工持股计划通过集中竞价交易方式减持公司股份的数量已按计划减持完毕

资料来源:根据新华制药公司历年公告整理。

7.3.2 新华制药公司员工持股计划实施方案

根据公司实际需要，严格按照证监会文件精神，新华制药公司制定的第一期员工持股计划（草案），先后经过了公司董事会、职工大会和监事会的批准，顺利实施并按时募集了公司需要的资本金。公司第一期员工持股计划（草案）在股票来源、资金来源、参与对象、持股比例等方面进行了全面、细致的规范（见表7-4），为后续持股计划的顺利实施奠定了基础。

表7-4　　　　　　　　新华制药公司员工持股计划（草案）

项目	主要内容
股票来源	认购非公开发行股票
股票面值	1元/股
资金来源	员工的合法薪酬及法律法规允许的其他形式
持股期限	每期员工持股计划的持股期限不得低于12个月，以非公开发行方式实施员工持股计划的，持股期限不得低于36个月
授予对象	新华制药全体员工及新华制药部分控股子公司中符合本次员工持股计划实施条件的员工
资金总额	设立时每单位份额对应人民币1.00元，设立时份额合计不超过3504.8万份，对应资金总额不超过人民币3504.8万元
发行数量	认购本公司非公开发行股票数量不超过3752417股
员工持股比例	员工持股计划认购的公司股票数量将不超过公司发行后总股本的0.7%。公司全部有效的员工持股计划所持有的股票总数量累计不得超过公司股本总额的10%，单个员工所获股份权益对应的股票总数量累计不得超过公司股本总额的1%
存续期	54个月
锁定期	自本次非公开发行的股票登记至员工持股计划名下时起算，其中前36个月为锁定期，后18个月为解锁期
管理模式	由公司自行管理，员工持股计划持有人会议授权管理委员会负责员工持股计划的具体管理事宜

资料来源：新华制药公司公布的《持股计划（草案）》。

(1) 参与对象

根据现有规定,员工持股计划的参加对象为公司员工,也包括公司管理层人员。员工持股计划中授予对象的确定应符合公司经营发展的需要。新华制药公司第一期员工持股计划参加对象,为截至2015年7月24日与公司签署劳动合同的全体员工及与新华制药部分控股子公司签署劳动合同的员工。经公司董事会确定、监事会审核确认符合条件的人员共4528人,其中董事、监事、高级管理人员共12人(见表7-5),其他员工共4516人。但根据参与新华制药第一期员工持股计划的员工实际缴款情况,最终参与的员工人数为492人,其中董事、监事、高级管理人员共12人,占比2.44%;基层员工480人,占比97.56%。在第一期员工持股计划中,虽然有高管人员参与,但基层员工的比例高,说明该计划具有一定的覆盖面。

表7-5　　　　　　新华制药公司第一期员工持股计划参与高管人员

序号	姓名	认购员工持股计划份额（份）	认购金额（元）	对应认购股份数量（股）
1	张代铭	1500000	1500000	134529
2	任福龙	500000	500000	44843
3	杜德平	1300000	1300000	116591
4	李天忠	800000	800000	71748
5	徐列	700000	700000	62780
6	王小龙	700000	700000	62780
7	窦学杰	300000	300000	26905
8	杜德清	700000	700000	62780
9	贺同庆	1000000	1000000	89686
10	侯宁	1000000	1000000	89686
11	扈艳华	300000	300000	26905
12	曹长求	20000	20000	1793

资料来源:新华制药公司《非公开发行A股股票发行情况报告书暨上市公告书》。

（2）资金及股票来源

新华制药公司第一期员工持股计划资金来源为参与认购的员工薪金所得及其他合法所得。新华制药公司第一期员工持股计划采取认购非公开发行股票方式取得新华制药股票，认购金额不超过3504.80万元，认购股份数量不超过3752417股。根据公司最终认购数据显示，公司员工持股计划于2017年10月已认购公司非公开发行股票的方式认购3109686股，占公司本次发行后总股本478353421股的0.65%，其中公司董事、监事和高级管理人员（12人）认购79.10万份，占员工持股计划的25.44%（见表7-6）。2018年7月，公司实施2017年度权益分配方案，转增股本后，员工持股计划由3109686股增至4042592股，占公司总股本621859447股的0.65%。

表7-6　　　　　　　新华制药公司员工持股计划认购情况

项目	认购持股计划份额	占持股计划的比重
董事、监事和高级管理人员（计12人）	79.10万股	25.44%
其他员工	310.93万股	74.56%

资料来源：根据新华制药公司员工持股计划相关公告整理。

（3）锁定期以及存续期

根据新华制药公司规定，认购的非公开发行的股票在登记至员工持股计划名下以后，在其54个月的存续期内，前36个月为锁定期，后18个月为解锁期。2020年10月13日，公司员工持股计划与其他参与非公开发行的股东持有的公司股份解除限售条件并上市流通。根据公司员工持股计划管理委员会会议决议，采取大宗交易或集中竞价方式，按照市场价格减持。在存续期届满前，若所持股份不能减持完毕，同意提请新华制药董事会审议并批准员工持股计划存续期限展期12个月。截止到2022年5月，新华制药公司第一期员工持股计划已经减持完毕。

（4）管理方式

根据证监会《关于上市公司实施员工持股计划试点的指导意见》，上市公司可以自行管理本公司的员工持股计划，委托给信托公司、证券公司等具有资产管理资质的机构管理。新华制药公司根据公司实际情况,选择自行管理方式。选举王立波等 17 人作为员工持股计划管理委员会委员,组成员工持股计划管理委员会并根据《员工持股计划草案》及《山东新华制药股份有限公司第一期员工持股计划持有人大会章程》的规定履行职责。

(5) 募集资金用途

根据公司公告,新华制药公司本次非公开发行募集的资金,其中包含员工持股计划认购的部分,将全部用于偿还银行贷款和补充流动资金;在偿还银行贷款后,其余全部用于补充流动资金。

7.4 新华制药公司员工持股计划实施动因分析

7.4.1 优化公司股权结构,提高公司治理水平

混合所有制改革有利于进一步优化国有股权结构,而员工持股计划作为混合所有制的一种实现形式,越来越多的企业开始尝试采用这一形式探索混合所有制改革。在国有企业混合所有制改革的推动下,结合公司发展的战略需要,在保持国有控股的前提下,新华制药公司作为国有控股的上市公司,结合自身战略发展需要,实施了第一期员工持股计划。实施员工持股计划,吸引更多符号条件的员工持有公司股票,增强员工关注公司经营以及参与公司治理的积极性,有利于增强公司治理的透明和高效。公司严格执行国企改革和上市公司实施员工持股计划的相关政策规定,通过实施第一期员工持股计划,采取认购非公开发行股票方式,不仅补充公司发展急需的资本金、满足了公司发展的资金需求,而且进一步优化了公司股权结构(见表 7-7)。

表7-7 新华制药公司前十大股东变化

员工持股计划实施前 （2016年12月31日）			员工持股计划实施前 （2017年12月31日）		
股东名称	股东性质	持股比例（%）	股东名称	股东性质	持股比例（%）
山东新华医药集团有限责任公司	国家	34.46	山东新华医药集团有限责任公司	国家	32.94
香港中央结算（代理人）有限公司	H股	32.56	香港中央结算（代理人）有限公司	H股	31.14
招商银行股份有限公司－汇添富医疗服务灵活配置混合型证券投资基金	基金	1.29	巨能资本管理有限公司－山东聚赢产业基金合伙企业（有限合伙）	基金	3.75
中国工商银行股份有限公司－汇添富医药保健混合型证券投资基金	基金	0.76	招商银行股份有限公司－汇添富医疗服务灵活配置混合型证券投资基金	基金	2.31
上海齐熙投资管理有限公司－齐熙和谐进取私募证券投资基金	基金	0.44	全国社保基金一零七组合	基金	0.69
中信银行股份有限公司－浦银安盛医疗健康灵活配置混合型证券投资基金	基金	0.38	山东新华制药股份有限公司－第一期员工持股计划	持股计划	0.65
中国通用技术（集团）控股有限责任公司	国有法人	0.36	全国社保基金四一二组合	基金	0.62
夏远香	境内自然人	0.34	中国工商银行股份有限公司－易方达新兴成长灵活配置混合型证券投资基金	基金	0.6

续表

员工持股计划实施前 (2016年12月31日)			员工持股计划实施前 (2017年12月31日)		
股东名称	股东性质	持股比例（%）	股东名称	股东性质	持股比例（%）
中国银行股份有限公司－博时医疗保健行业混合型证券投资基金	基金	0.33	香港中央结算有限公司	QIIF	0.41
杨林	境内自然人	0.30	厦门国际信托有限公司－厦门信托－鲲凌17号集合资金信托计划	信托计划	0.4

资料来源：新华制药公司2016年、2017年的公司年报整理。

由表7-7数据可知，新华制药公司在实施员工持股计划前，前十大股东持股比例差异显著，除了前两大股东外，企业股东持股比例非常小，可以说，股权主要集中于前两大股东；实施持股计划后，虽然前两大股东的地位没有改变，但是其余股东的持股比例相对有所提高，其中，第一期员工持股计划持股占比为0.65%，在前十大股东中位居第六位。因此，实施持股计划后，公司股权结构在保持稳定的基础上，得到了进一步的优化，有利于进一步完善公司的法人治理结构。

7.4.2 完善公司利益共享机制，增强员工的凝聚力

新华制药公司第一期员工持股计划参加对象，为截至2015年7月24日与新华制药签署劳动合同的全体员工及与新华制药部分控股子公司签署劳动合同的员工。经公司董事会确定、监事会审核确认符合条件的人员共4528人，其中董事、监事、高级管理人员共12人，其他员工共4516人。公司第一期员工持股计划覆盖面广泛，不仅包含董监高等管理人员，而且还包含数量众多的普通员工。员工的广泛参与不仅能够进一步调动关键岗

位员工的积极性、能动性,增强员工凝聚力和公司竞争力,而且通过授予符合条件员工资格,进而吸引和留住人才。员工持股计划持有股票的增值收益,将有助于建立和完善劳动者与所有者的利益共享机制,实现股东、公司和个人利益的一致。新华制药的第一期员工持股计划最终取得较好的效果,达到了公司实施目的(见表7-8)。

表7-8　　　　新华制药公司第一期员工持股计划盈亏情况　　　　单位:万元

认购价格	认购股数	认购成本	减持股数	减持均价	减持金额	盈亏
11.15	3109686	3467.30	4042592	24.28	9815.41	6348.11

资料来源:根据新华制药公司实施员工持股计划的相关公告整理。

由表7-8可知,新华制药公司第一期公司员工持股计划以每股11.15元的认购价格,认购3109686股,认购成本为人民币3467.30万元。持股计划锁定期内,因新华制药公司利润分配导致持股数量增加为4042592股。存续期届满,按照持股人会议要求,持股计划采取集中竞价方式实施股票减持计划。截至2022年5月12日,公司第一期员工持股计划以每股均价24.28元的价格,将持有全部股份予以减持完毕。通过核算该员工持股计划的盈亏发现,公司实施的第一期员工持股计划总盈利6348.11万元。公司第一期员工持股计划取得较好的效果,员工通过持股计划得以共享公司的发展成果,初步构建和完善劳动者与所有者的利益共享机制,这不仅有利于增加公司骨干员工队伍的稳定性、调动员工的积极性,而且有利于促进公司长期、稳定、健康发展。

7.4.3　加快完成资金募集,增强公司资金实力

新华制药公司实施员工持股计划的目的,有利于尽快完成募集公司发展需要的资金。2017年10月,公司非公开发行21040591股A股,其中巨能资本管理有限公司—山东聚赢产业基金合伙企业(有限合伙)认购股份17930905股,公司第一期员工持股计划认购股份3109686股,分别占本次非公开发行的85.22%和14.78%。2017年10月13日,公司员工持股计

划以每股11.15元的认购价格，认购金额为人民币3467.30万元。一方面，在混合所有制改革背景下，尤其是监管机构鼓励上市公司实施员工持股计划背景下，非公开发行方案契合当时政策要求，有利于相关方案的顺利推进。另一方面，员工持股计划的适时推出，有利于尽快完成资金募集。因此，公司实施员工持股计划有利于公司获得满足经营的资金需求，推动公司未来发展战略。通过实施员工持股计划，公司通过第一期员工持股计划认购的本次非公开发行股票，有利于补充公司资本金、增强公司资金实力，从而提高公司的抗风险能力，为公司做大做强提供有力的保障。

国有企业员工持股计划作为国有企业混合所有制改革的一种实现方式，受到了越来越多企业的青睐。新华制药公司将员工持股计划与非公开发行股票及混合所有制改革紧密结合，探索在非公开发行中实施员工持股计划的方案，具有一定借鉴意义，基本达到了公司发展的预期目标。在混合所有制改革的背景下，新华制药公司的第一期员工持股计划进一步优化了公司股权结构，增强了公司治理透明度，为提高公司治理水平奠定了基础。员工持股计划覆盖范围广泛，尤其关键岗位的基层员工有机会参与公司治理，对于激发员工积极性、吸引优秀人才、加快公司技术创新具有重要的意义。公司第一期员工持股计划筹资资金满足了公司资金需求，不仅激发了普通员工的积极性，而且进一步优化公司股权结构，这些都将为公司未来可持续发展奠定坚实的基础。

7.5 新华制药公司员工持股计划实施效果

新华制药公司顺利实施了第一期员工持股计划，员工持股计划的实施优化了公司的股权结果、满足了公司的资金需求以及激发员工的积极性和主动性，推动了公司各项工作的顺利开展。自员工持股计划实施以来，新华制药公司的财务绩效和创新绩效都得到了改善，基本达到了预期目标。

7.5.1 实施员工持股计划的财务绩效

新华制药公司实施第一期员工持股计划后,进一步激发了员工的积极性,公司各项工作均取得了较好的业绩。结合新华制药公司的年报数据分析,从公司的盈利能力、偿债能力、营运能力和发展能力四个维度,对公司实施第一期员工持股计划后的业绩进行综合分析,全面反映员工持股计划实施后对公司财务业绩的影响。

(1)新华制药公司盈利能力分析

盈利能力反映企业获取利润能力,是企业实现价值最大化的基础。企业盈利能力反常用来反映盈利能力的财务指标有总资产报酬率、净资产收益率和销售毛利率等指标。这些指标从不同的侧面或角度,全面反映了公司的盈利水平和盈利能力。新华制药公司在员工持股计划实施前后的盈利表现如图7-3所示。

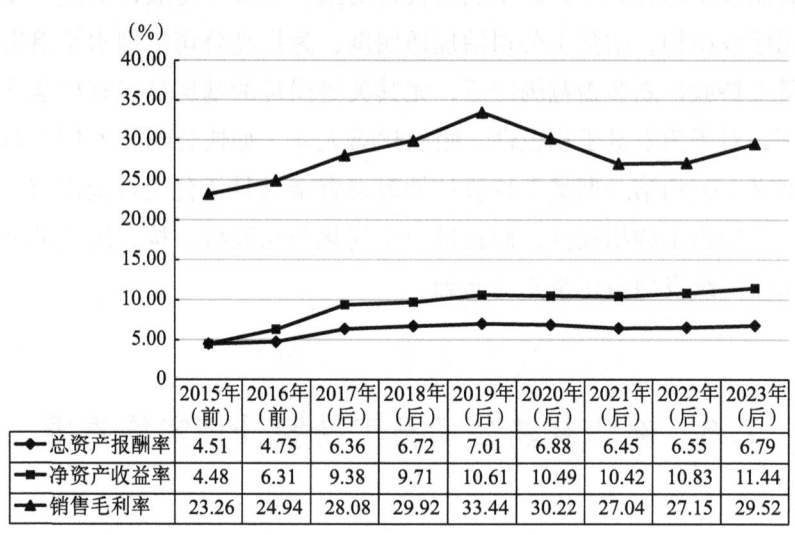

图7-3 新华制药公司持股计划实施前后盈利能力

注:数据源自新华制药公司年报,作者整理得出。

如图7-3所示,2017年,新华制药公司实施第一次持股计划开始后,反映企业盈利能力各项财务指标均有显著的表现。2017—2023年,公司的总资产报酬率和净资产收益率分别保持持续增长的趋势，并且 2017 年后的各年度的总资产报酬率、净资产收益率均高于实施计划前的 2016 年和 2015 年的相关指标。2017 年后的总资产报酬率最低时的 6.36%，远高于 2015 年的 4.51% 和 2016 年的 4.75%；同时期的净资产收益率也具有同样特征，2017 年后的净资产收益率最低时 9.38%，也远高于 2015 年的 4.48% 和 6.31%。从公司销售毛利率指标看，也具有类似特征，2017—2023 年，公司各年度的销售毛利率也均高于 2015 年和 2016 年。由此可见，公司在实施第一次持股计划后，即从 2017 年开始，公司各项盈利能力指标均优于实施员工持股计划前。这表明，公司实施员工持股计划较好地推动了公司盈利能力的提升。

（2）新华制药公司偿债能力分析

偿债能力反映企业偿还到期债务的能力，是企业健康发展的重要保障。企业在经营过程，一方面可以充分利用债务融资工具、实现财务杠杆收益，另一方面，企业也会面临债务偿还压力及可能导致的债务风险。因此，企业偿还债务能力不仅表明了企业资产结构、状态和资本实力，而且还表明企业未来长期发展的坚实基础。从反映企业偿债能力指标看，主要有两大类，一类是反映企业长期偿债能力，另一类是反映企业短期偿债能力两大类指标；其中，前者主要是资产负债率指标，后者则主要是流动比率和速动比率。这些指标从资产流动性等方面，全面反映了公司的偿债能力。新华制药公司在员工持股计划实施前后的偿债能力变化如表 7-9 所示。

表 7-9　　　　　　　　新华制药公司 2015—2023 年偿债能力变化

指标	2015 年	2016 年	2017 年	2018 年	2019 年	2020 年	2021 年	2022 年	2023 年
资产负债率（%）	55.83	55.97	51.09	52.73	51.67	52.19	50.20	47.37	42.36
流动比率（次）	0.85	0.75	1.35	1.00	0.98	1.13	1.10	1.09	1.33
速动比率（次）	0.57	0.51	0.87	0.59	0.52	0.66	0.69	0.71	0.81

注：数据源自新华制药公司年报，作者整理得出。

由表7-9可知，从长期偿债指标看，实施员工持股计划后公司资产负债率水平显著降低。2016年公司资产负债率为55.97%，2017年资产负债率降为51.09%，并保持逐年降低趋势。这表明，公司实施的第一次员工持股计划补充了公司的资本金，壮大了公司资本实力，增强了公司未来的长期偿债能力。从短期偿债指标看，公司的流动比率和速动比率，在2017年后，整体保持了逐年增长的趋势，其中，流动比率自2017年后保持了1以上，均高于实施前的年度；速度比率也具有类似特征。这表明，实施员工持股计划后，公司的短期偿债能力和长期偿债能力均得到进一步改善和提高，增强了公司抵御市场风险的能力。

（3）新华制药公司发展能力分析

发展能力反映企业未来的发展趋势和发展潜能。新华制药实施第一期员工持股计划的锁定期为48个月，周期较长，也为公司后续发展奠定了坚实基础。第一期员工持股计划认购的资本金，为公司后续发展提供较为充足的资金，有效地保障了公司经营、投资和研发活动的有序开展。在整个员工持股计划的存续期内，公司在收入和资产方面都得到了较快发展（见图7-4）。

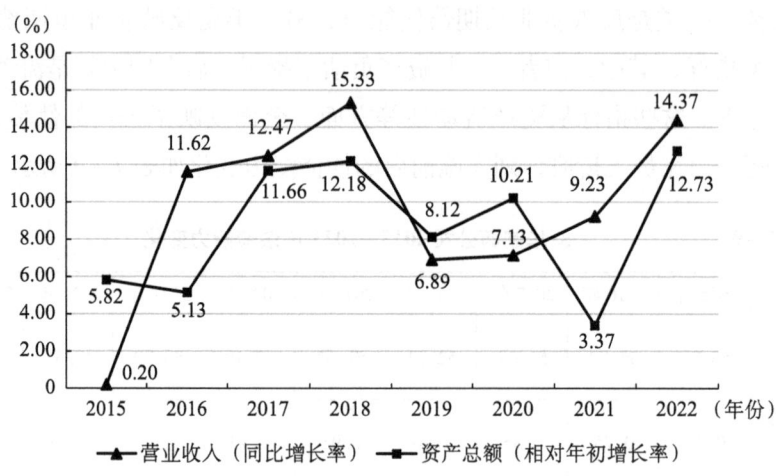

图7-4 新华制药公司2015—2022年发展能力

注：数据源自新华制药公司年报，作者整理得出。

由图 7-4 可知，自 2017 年新华制药公司实施员工持股计划以来，公司的营业收入保持了逐年增长，只是增速在各年度不太均衡。2018 年营业收入同比增速最高达到 15.33%，整体规模上要高于实施持股计划前的收入水平。从公司的资产增速看，虽然没有收入增速那样显著，但是在 2017 年后，公司资产总额的增速也保持了正增长的趋势，而且同实施计划前水平相比，实施计划后的增速更明显和显著。新华制药公司在实施员工持股计划后，进一步凝聚员工发展共识，带动公司收入规模和资产规模的增长，为未来公司可持续发展奠定了基础。

7.5.2　实施员工持股计划的创新绩效

2017 年以来，新华制药公司通过实施员工持股计划和股票股权激励计划等激励工具，不断完善公司的激励机制，强化公司创新人才队伍建设，全员凝聚力、向心力进一步增强，不断提高公司研发创新能力。截至目前，公司已有多名千人计划专家工作站专家，并有多名人才先后被评为全国技术能手、泰山产业领军，为公司新产品的研发创新储备了丰富的科技人才资源。新华制药公司不断完善科技创新体系建设，研发投入规模不断增长（见图 7-5），为增强公司创新能力奠定了坚实基础。

由图 7-5 可知，2018—2023 年，新华制药公司研发投入规模连续保持了五年的持续增长，各年的研发费用分别达到了 18697.58 万元、23540.10 万元、29834.73 万元、34136.74 万元、34565.85 万元和 41923.97 万元。从近五年的营业收入规模来看，公司研发费用占营收的比重保持了基本稳定，平均占比为 4.62%，也就是说，新华制药公司每年大约将营业收入的 5% 用于产品研发和科技创新。具体来看，2018 年研发费用占当年营业收入的比重最低，为 3.59%；2021 年和 2023 年占比最高，约为 5.20%。虽然从研发费用的营收占比看，公司研发投入规模占比不高，但是研发费用占净利润的比重反映了公司对科研创新的重视和多年来重金投入的坚守。近五年来，公司研发费用占当年净利润的比重 80.86%，也就是公司把相当于当年净利润 80% 投入了研发，其中，2018 年的研发费用

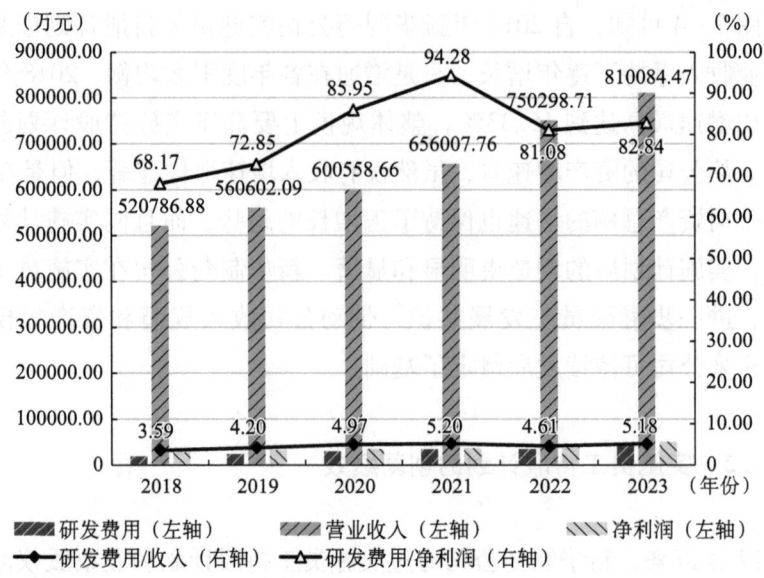

图 7-5 新华制药公司研发投入情况

注：数据源自新华制药公司年报，作者整理得出。

占比最低（68.17%），然后逐年增长，2021年占比达到最高，研发费用达到当年净利润的94.28%。由此可见，新华制药公司实施的第一期员工持股计划，进一步凝聚了员工共识，激发员工创新的积极性，推动了产品和技术的创新，取得了一系列丰富的专利技术成果，从而增强了公司在国内外医药市场的竞争力。

目前，虽然理论与实务界对于员工持股计划的实施效果还没有形成一致的结论和共识，但是，聚焦新华制药公司第一期员工持股计划的研究可以发现，新华制药公司实施第一期员工持股计划的财务绩效和创新绩效都达到了公司预期目标。对比实施员工持股计划前后年度的数据表明，公司的财务绩效和创新绩效在实施员工持股计划后，均比实施计划前具有显著的提高。具体而言，实施员工持股计划后，公司的盈利能力、偿债能力和发展能力等财务绩效表现增长显著；公司持续研发投入和专利技术成果等非财务绩效也表现得比较突出。员工持股计划激发员工积极性，持续的研发投入产生的一系列专利技术成果，都已成为推动公司科技发展重要力量来源。

7.6 本章小结

本章采用案例研究方法,选择山东新华制药公司作为研究对象,全面分析新华制药公司第一次员工持股计划的实施背景、实施动因、实施过程和方案设计及其最终的实施效果。新华制药公司作为一家国有控股的上市公司,在实施公司非公开发现证券过程中同步实施了第一期员工持股计划方案。研究发现,新华制药公司实施的第一期员工持股计划方案,其制定实施的程序合法合规、内容规范、目标明确。在实施员工持股计划后,从股权结构看,公司股权结构得到了进一步优化,增强了公司治理透明度,为提高公司治理水平奠定了基础;从覆盖范围看,员工持股计划覆盖范围广泛,尤其关键岗位的基层员工有计划参与公司治理,激发普通员工积极性,为公司未来可持续发展奠定坚实的基础;从实施效果看,实施员工持股计划后,持股计划将员工利益与企业利益进行捆绑,增强了员工的积极性、激发其工作热情,进而推动公司各项工作的顺利开展,公司的历年的财务绩效和创新绩效均得到显著提高。

第8章
研究结论、政策建议与研究展望

8.1 研究结论

混合所有制企业开展员工持股试点是全面深化国有企业改革的重要举措,受到了党中央国务院高度重视。党的十八届三中全会通过的《中共中央关于全面深化改革若干重大问题的决定》提出了"公有制为主体、多种所有制经济共同发展的基本经济制度","允许混合所有制经济实行企业员工持股,形成资本所有者和劳动者利益共同体"。随后的"新国九条"也提出"允许上市公司按规定通过多种形式开展员工持股计划",《中共中央、国务院关于深化国有企业改革的指导意见》明确国有企业探索实行混合所有制企业员工持股的四点要求,奠定了国有控股混合所有制企业开展员工持股试点的政策基础。证监会发布《关于上市公司实施员工持股计划试点的指导意见》,规范员工持股计划的决策程序、主要内容和信息披露安排,以指导上市公司有序开展员工持股计划,对我国上市公司开展员工持股计划试点也提供了直接的指导。国务院国资委、财政部和证监会联合印发了《关于国有控股混合所有制企业开展员工持股试点的意见》(国资发改革〔2016〕133号),就国有控股混合所有制企业开展员工持股试点提出明确要求和政策措施。

在上述制度背景下,本书在梳理回顾国内外有关研究文献的基础上,立足我国员工持股计划实施的制度背景和实践,综合采用文献研究、多元回归和案例研究等多种研究方法，针对我国员工持股计划的经济后果及作用机理，从宏观和微观两个层面，系统研究基于国有企业混合所有制企业改革背景下，企业实施员工持股计划的经济后果及其作用机理。研究过程中，采用中国 A 股上市公司样本数据，进行理论分析并实证检验了员工持股计划对企业财务绩效、对企业创新绩效的影响，并进一步分析研究了员工持股计划的具体作用机理，有助于进一步丰富员工持股计划的相关理论研究。具体得出以下结论：

（1）与国外发达经济体资本市场相比，我国员工持股计划制度的发展过程比较复杂，经历了一个相对曲折的改革完善过程。员工持股计划制度在国内外发展的巨大反差，其深层次原因在于不同的制度背景，以及发展程度不同的资本市场等因素制约。经过多年的制度改革，结合我国多层次资本市场体系的完善，越来越多的上市公司通过实施员工持股计划来实现公司的预期目标，提高了企业竞争力、推动了企业高质量发展。

（2）实证检验了企业实施员工持股计划对上市公司财务绩效的影响，从而证实员工持股计划制度实施的政策效果。研究发现，企业实施持股计划对公司总资产报酬率的影响不显著，但是实证结果表明，实施员工持股计划对公司市值（托宾 Q）即公司股东财富增加表现为显著的正向影响作用，说明持股计划可以显著地提高企业的托宾 Q 值，这表明企业实施员工持股计划会显著改变企业市值。与国有企业相比，实施员工持股计划可以更加有效促进非国有企业市值的提高，员工持股计划的长期市场效应作用显著。

（3）实证检验了企业实施员工持股计划对企业创新绩效的影响，从而证实了企业实施员工持股计划的创新效应。研究发现，实施员工持股计划对企业创新投入具有显著的正向影响作用，实施员工持股计划显著促进了公司的研发创新。通过员工持股计划的作用机理分析表明，公司实施员工持股计划缓解了企业面临的融资约束，进而推动企业研发投入的增长，从而为推动企业技术创新奠定坚实基础。在进一步分析中，无论是国有企业还是非国有企业，实施员工持股计划均对企业创新投入具有显著的正向作用，这表明企业实施员工持股计划具有显著的非财务业绩效应。由于技术创新的高风险性,进一步凸显权益资本对技术创新发展的重要作用。这也为资本市场科创板块的设立,以及风险投资机构的发展提供了经验证据。

(4)聚焦微观企业,采用案例研究方法,以山东国有上市公司——山东新华制药公司为案例对象,全面分析研究了该公司员工持股计划的实施背景、实施动因、实施过程和方案设计及其最终的实施效果。山东新华制药公司作为一家国有控股的上市公司,在非公开发行证券募集资金过程中同步实施了第一期员工持股计划方案。研究发现,山东新华制药公司实施的程序合法合规、方案的内容规范、实施的目标明确。实施员工持股计划后,持股计划将员工利益与企业利益进行捆绑,进而推动公司各项工作的顺利开展,公司的历年的财务绩效和创新绩效均得到显著提高。通过实施员工持股计划后,山东新华制药公司的股权结构得以优化,公司治理透明度增强;持股计划方案覆盖范围广泛,尤其是关键岗位的基层员工参与公司治理,激发普通员工积极性,为公司未来可持续发展奠定坚实的基础。

8.2 政策建议

8.2.1 不断完善相关的制度体系,持续推进国企员工持股计划实践

一个设计科学规范的制度对于规范企业员工持股计划并充分发挥其激励作用具有积极作用。员工持股计划方案是否合理,不仅关系到方案的效果,而且还直接影响到股东的利益。从制度体系建设看,一方面,根据实施现状,继续完善员工持股计划制度。首先,适度扩大员工持股计划的覆盖范围,吸引对公司业绩提升和中长期发展具有重要影响和作用的核心员工有机会参与持股计划,并适当提高其持股比例,充分调动核心员工的积极性。其次,持股比例上,适当提高持股比例限额,从而让有突出贡献的员工享有更高的持股比例,从而更好地激发其积极性。再次,严格规定员

工持股计划的解锁条件。员工持股计划方案必须明确规定并严格执行公司层面和与员工层面的解锁条件即公司层面和个人层面的业绩条件，以避免员工持股计划的福利化。最后，平衡好高管与员工各自的参与比例。另一方面，完善支持员工持股计划的税收政策，降低员工持股计划的交易成本，从而支持更多的员工持股计划持有本公司股票。员工持股计划是资本市场的重要长期投资者，其发展有利于资本市场的稳定。在市场交易过程中，需要承担所得税、交易手续费、印花税等税费。根据员工持股计划持有股票时间长短等情况，适当减免个人所得税及交易手续费用等，从而降低持股计划的成本，鼓励员工持股计划长期持有股份。监管机构应充分利用财政政策手段，加强对企业科技创新的支持力度，如通过扩大研发费用扣除比例等政策，进一步缓解科技企业研发过程面临的融资约束。

8.2.2　加快完善多层次资本市场体系，增强科创企业的包容性

创新是发展的第一动力。上市公司实施员工持股计划是通过缓解融资约束进而推动企业研发投入的增长，进一步凸显资本在促进创新发展中的重要作用。但是，由于企业面临的融资约束程度越大，资金就越紧张，可能导致研发投入就越少，进而导致企业创新投入不足，降低企业的创新产出和绩效。考虑到科技创新高投入、高风险等特征，亟待发展完善多层次资本市场体系。沪市科创板的设立，为战略新兴产业的发展提供了重要战略支撑，也进一步完善了科技企业的融资环境。一方面，持续加强资本市场基础制度改革完善，对科技创新企业的上市标准适当优化，增强资本市场对科技创新企业的包容性。另一方面，大力发展用风险投资机构等市场力量，充分利用市场力量缓解企业科技创新过程面临的融资困境。但是，风险投资机构的发展壮大，也离不开一个成熟的资本市场体系，进而高效引导风险投资本及时退出市场、形成科创资本的良性循环。在激烈的国内外市场竞争中，只有不断拓宽企业创新融资渠道、增加创新投入，才能为企业后续的创新突破奠定基础。

8.2.3 加强财会监督，强化信息披露，切实保障各方合法权益

员工持股计划的实施不仅直接关系到参与员工的合法权益，而且还直接关系到企业外部的市场投资者合法利益；同时，对于国有企业而言，还可能关系到国有资产的安全。在员工持股计划实施过程中，需要从员工持股计划制度的制定、实施及信息披露等方面进行全面的监督，切实保护各方的合法权益。首先，监管机构不断完善财会监督体系，尤其注重员工持股计划的信息披露监管。通过强化上市公司实施计划的信息披露责任，监督并增强企业实施员工持股计划的合法合规性，从根本上、全过程保障各方权益。其次，加强员工持股计划业绩考核监督。在员工持股计划解锁期，严格根据公司层面和个人层面的业绩考核标准，分期、限比例解锁，真正发挥其激励性而避免福利化。最后，完善公司内部公司治理机制的监督功能。充分利用现有公司治理机构、独立董事制度等，充分发挥公司内部治理机制的监督功能，确保员工持股计划更加透明、规范的实施。

8.3 研究展望

本书立足我国的制度背景，围绕员工持股计划进行了初步探索研究，但是，在学术研究的浩瀚海洋里，还有诸多未来有待进一步研究的课题。一方面，在研究设计过程中，本书仅仅考察了员工持股计划的实施是否对公司可能产生影响。由于员工持股计划本身是一个动态的过程，涵盖锁定期和解锁期，并且期限较长，可能需要进一步研究存续期内的员工持股计划可能的影响。另一方面，不同持股计划要素内容的经济后果的研究还不够深入。

在现有的研究基础上，未来期待在以下几个方面有所突破：

（1）突破员工持股计划作为一个整体视角，深入研究员工持股计划各

具体要素内容可能存在的影响研究。在整体研究的基础，进一步研究分析参与计划的员工个体特征可能产生的不同影响，从而进一步丰富员工持股计划研究。

（2）对不同产权性质的企业实施员工持股计划的动机进一步深入研究。根植于中国实践和制度背景，深入研究企业实施员工持股计划动机的差异性，并跟踪研究差异可能的经济后果，从而更深入地探讨企业实施员工持股计划可能的真正动机。

（3）加强对国有非上市公司持股计划的研究。上市公司具有法定信息披露义务，本书的研究基于上市公司为样本开展系列研究。但是，对于众多的非上市公司的研究，因企业数据保密等原因，相关的研究还相对不足。

参 考 文 献

[1] 白雨凡,乔慧颖,罗宏,等.工业智能化与员工激励制度设计——来自员工持股计划的证据 [J].当代财经,2024 (10):100-112.

[2] 曹艳蓉,齐红玉,李冰慧.股权激励是否提升了国企绩效?——基于企业异质性和契约异质性的经验证据 [J].中国注册会计师,2023 (07):47-58.

[3] 曹玉珊,陈力维.员工持股计划、人才专业性与企业有效创新 [J].当代财经,2019 (05):84-95.

[4] 曹越,辛红霞,孙丽.国有企业实施员工持股计划能否提升内部控制质量?——基于"国企混改"背景 [J].会计研究,2022 (11):118-138.

[5] 陈大鹏,施新政,陆瑶,等.员工持股计划与财务信息质量 [J].南开管理评论,2019,22 (01):166-180.

[6] 陈文强,许晓莹.科创板上市公司股权激励:现状、问题及对策 [J].财务管理研究,2023 (03):94-103.

[7] 陈文强,周红,周荣真.员工持股计划:研究述评与展望 [J].财会月刊,2023,44 (14):32-39.

[8] 陈效东.谁才是企业创新的真正主体:高管人员还是核心员工 [J].财贸经济,2017,38 (12):127-144.

[9] 陈艳艳.员工股权激励的实施动机与经济后果研究 [J].管理评论,2015,27 (09):163-176.

参考文献

[10] 陈永丽, 张蕊婷. 员工持股计划抑制了企业非效率投资？[J]. 重庆工商大学学报（社会科学版）, 2023, 40 (06): 57-73.

[11] 陈昱, 李彬彬, 王虹. 美的集团多层次股权激励方案的创新绩效评价——基于熵值-突变级数法 [J]. 财会通讯, 2023 (12): 85-92.

[12] 陈运佳, 吕长江, 黄海杰, 等. 上市公司为什么选择员工持股计划？——基于市值管理的证据 [J]. 会计研究, 2020 (05): 91-103.

[13] 程余, 吕康娟. 政府补助、高管激励对企业绿色创新的影响研究——基于随机森林模型的经验证据 [J]. 上海管理科学, 2024, 46 (04): 50-55.

[14] 戴进, 孙谦. 员工持股计划与企业债务融资成本 [J]. 财经问题研究, 2022 (05): 109-118.

[15] 戴璐, 林黛西. 员工持股计划中的高管认购行为、业绩操纵与审计监督 [J]. 审计研究, 2018 (06): 90-96.

[16] 单蒙蒙, 但菊香, 宋运泽. 员工持股计划与企业风险承担——基于公司内外部治理机制的视角 [J]. 华东经济管理, 2021, 35 (07): 119-128.

[17] 翟淑萍, 毛文霞, 刘梦晨. 员工持股计划的公司治理效应研究——基于股价大幅下跌风险的视角 [J]. 金融论坛, 2022, 27 (06): 45-54.

[18] 董雅浩, 王小玫, 邓博夫. 科创板公司员工持股计划的"基本面"及其启示 [J]. 管理会计研究, 2022 (01): 85-91.

[19] 杜向伟, 仲子文, 冯颖. 员工持股计划的激励效应研究——以苏宁集团为例 [J]. 经济研究导刊, 2022 (13):

102-104.

[20] 杜永奎，刘瑞泽．员工持股计划、融资约束与企业自主创新能力 [J]．财会通讯，2022 (18)：73-78．

[21] 傅顼，沈品吟．科创板企业晶晨股份股权激励方案设计及实施效果分析 [J]．财务与会计，2024 (04)：20-24．

[22] 高晓雁，宁琪．我国新一轮国有企业员工持股改革的问题与对策 [J]．现代国企研究，2017 (18)：32-34．

[23] 郭范勇，彭嘉欣．员工持股计划的微观经济效应——来自中国上市公司的新证据 [J]．经济管理，2024，46 (08)：123-139．

[24] 洪峰，陈晓艳，田园．中国式员工持股计划与公司违规：监督者抑或合谋者 [J]．南京审计大学学报，2024，21 (01)：56-66．

[25] 洪峰．中国式员工持股计划与企业创新：利益协同抑或市值管理 [J]．广东财经大学学报，2021，36 (02)：69-85．

[26] 胡景涛，宿涵宁，王秀玲．员工股权激励对企业经营业绩会产生补充的提升效应吗？ [J]．会计研究，2020 (04)：119-129．

[27] 胡雪聪．国有企业混合所有制改革下的员工持股计划研究 [J]．时代经贸，2016 (30)：14-16．

[28] 化兵，乔晓龙．员工持股计划与融资约束——基于内部控制质量的中介效应分析 [J]．广东财经大学学报，2021，36 (01)：98-112．

[29] 黄萍萍，焦跃华．员工持股、信息透明度与企业创新——基于员工持股计划的准自然实验 [J]．科技进步与对策，2019，36 (22)：102-111．

[30] 黄群慧, 余菁, 王欣, 等. 新时期中国员工持股制度研究 [J]. 中国工业经济, 2014 (07): 5-16.

[31] 黄旭. 员工持股激励计划方案应用实践研究——来自华为的案例分析 [J]. 国际商务财会, 2017 (03): 25-30.

[32] 江笑云, 宋尚彬, 邱洁, 等. 人力资本税收激励与员工持股计划 [J]. 上海金融, 2024 (10): 18-30.

[33] 蒋建湘. 国企混合所有制改革背景下员工持股制度的法律构建 [J]. 法商研究, 2016, 33 (06): 34-41.

[34] 黎诗媛, 邓博夫, 彭振革, 等. 第二类限制性股票期权估值与激励效应——基于佰仁医疗2020年股权激励的思考 [J]. 中国管理会计, 2023 (05): 62-71.

[35] 李冰怡, 单蒙蒙. 员工持股计划的实施动机、作用机制与经济后果: 文献述评与研究展望 [J]. 财会通讯, 2024 (16): 9-16+28.

[36] 李昌振, 赵欣. 我国资本市场退市制度变迁历程与未来展望 [J]. 财会月刊, 2024, 45 (12): 113-117.

[37] 李昌振. 国家治理视域下财会监督体系构建的逻辑与路径 [J]. 会计之友, 2021 (16): 7-12.

[38] 李国栋, 傅佳琳. CEO股权激励、融资约束与企业投资效率 [J]. 生产力研究, 2024 (05): 28-34+161.

[39] 李红娟, 张晓文. 员工持股试点先行: 值得期待的国企混合所有制改革——基于江苏、江西国有企业员工持股改革分析 [J]. 经济体制改革, 2017 (04): 96-101.

[40] 李蕊. 论我国员工持股计划 [J]. 经济研究导刊, 2018 (04): 93-94.

[41] 李珊. 完善国内员工持股计划的政策分析 [J]. 中国

经贸导刊（理论版），2017（20）：53-55.

[42] 李姝，金振，谢雁翔. 员工持股计划对企业全要素生产率的影响研究 [J]. 管理学报，2022，19（05）：758-767.

[43] 李彤. 我国国有企业实施员工持股计划的困境与对策 [J]. 国际商务财会，2023（02）：23-27.

[44] 李小荣，张瑞君. 股权激励影响风险承担：代理成本还是风险规避？[J]. 会计研究，2014（01）：57-63+95.

[45] 李亚慧. 美日企业员工持股计划比较与借鉴 [J]. 内蒙古财经学院学报，2002（04）：6-8.

[46] 李韵，丁林峰. 员工持股计划、集体激励与企业创新 [J]. 财经研究，2020，46（07）：35-48.

[47] 李政，艾尼瓦尔. 美国员工持股计划及其对我国国企改革的启示 [J]. 当代经济研究，2016（09）：71-78+97.

[48] 李政，艾尼瓦尔. 英国多元化员工持股计划及其对我国企业改革发展的启示 [J]. 当代经济研究，2024（02）：72-83.

[49] 李梓，王艺璇. 科林电气股权激励实施效果及激励完善 [J]. 财务与会计，2022（24）：29-31.

[50] 廖冠民，王家晶. 会计信息可比性与相对业绩评价使用——基于股权激励契约的实证检验 [J]. 中央财经大学学报，2024（05）：72-86.

[51] 廖红伟，杨良平. 国有企业改革中的员工持股制度分析——基于交易成本理论的视角 [J]. 江汉论坛，2017（09）：24-29.

[52] 林大庞，苏冬蔚. 股权激励与公司业绩——基于盈余管理视角的新研究 [J]. 金融研究，2011（09）：162-177.

[53] 刘娇娆. 科创板企业第二类限制性股票激励动因及实施效果——以乐鑫科技为例 [J]. 财会月刊, 2024, 45 (10): 99-107.

[54] 刘丽辉, 孙丹, 刘睿. 员工持股计划、代理成本与企业创新绩效研究 [J]. 宏观经济研究, 2021 (06): 161-175.

[55] 刘泉红, 刘汝晗. 以员工持股激发混合所有制企业内部活力——基于中国联通混改试点方案的分析 [J]. 中国经贸导刊, 2017 (36): 17-18.

[56] 刘张发, 章卫东. 技术类员工股权激励与企业创新效率——兼论激励计划授予股票数限额的规定 [J]. 经济经纬, 2023, 40 (06): 72-82.

[57] 刘张发. 核心员工股权激励提高企业创新产出: 源自创新投入还是创新效率 [J]. 商业研究, 2024 (01): 121-130.

[58] 刘梓成. 中来股份实施"骨折价"员工持股计划影响分析与建议 [J]. 会计师, 2022 (24): 73-75.

[59] 骆家骕, 李昌振. 国有企业改革: 分类、设计及实施 [J]. 经济与管理研究, 2016, 37 (05): 35-40.

[60] 吕长江, 严明珠, 郑慧莲, 等. 为什么上市公司选择股权激励计划? [J]. 会计研究, 2011 (01): 68-75+96.

[61] 吕长江, 郑慧莲, 严明珠, 等. 上市公司股权激励制度设计: 是激励还是福利? [J]. 管理世界, 2009 (09): 133-147+188.

[62] 马超, 罗连化, 赵海珠. 员工持股计划实施与高管超额在职消费抑制 [J]. 经济与管理评论, 2024.40 (06): 83-95.

[63] 马建威, 张甜甜, 闫腾飞. 水晶光电员工持股计划成

效分析及改进建议[J]. 财务与会计, 2021 (20): 44-46.

[64] 马巾英, 左佳红. 上市公司员工持股计划实施动机与效果研究——基于控股股东股权质押视角的实证检验[J]. 湖南农业大学学报(社会科学版), 2022, 23 (01): 89-96.

[65] 孟庆斌, 李昕宇, 张鹏. 员工持股计划能够促进企业创新吗?——基于企业员工视角的经验证据[J]. 管理世界, 2019, 35 (11): 209-228.

[66] 倪雪, 王萍. 股权激励契约设计与企业创新——以乐鑫科技为例[J]. 商业会计, 2024 (20): 31-35.

[67] 潘亚岚, 徐安民. 员工持股计划能抑制企业债务违约风险吗?[J]. 杭州电子科技大学学报(社会科学版), 2023, 19 (02): 25-33+41.

[68] 彭纪生, 李华京, 王烨, 等. 管理层风险偏好异质性、股权结构与股权激励模式组合[J]. 审计与经济研究, 2024, 39 (06): 62-72.

[69] 强国令, 王一婕. 员工持股与企业升级: 助力还是阻力[J]. 中国经济问题, 2023 (01): 82-94.

[70] 任灿灿, 郭泽光, 田智文. 员工持股计划能抑制企业脱实向虚吗?[J]. 现代财经(天津财经大学学报), 2021, 41 (05): 47-67.

[71] 邵帅, 周涛, 吕长江. 产权性质与股权激励设计动机——上海家化案例分析[J]. 会计研究, 2014 (10): 43-50+96.

[72] 沈红波, 杨双岭, 周沁钰, 等. "零成本"的员工持股计划是激励还是福利?——基于吉祥航空的案例研究[J]. 管理会计研究, 2023 (01): 67-79.

[73] 石颖, 崔新健. 员工持股计划对企业财务绩效的影响研究 [J]. 经济体制改革, 2022 (04): 129-136.

[74] 宋常, 王丽娟, 王美琪. 员工持股计划与审计收费——基于我国 A 股上市公司的经验证据 [J]. 审计研究, 2020 (01): 51-58+67.

[75] 宋芳秀, 柳林. 上市公司员工持股计划: 实施动机、方案设计及其影响因素 [J]. 改革, 2018 (11): 88-98.

[76] 苏冬蔚, 林大庞. 股权激励、盈余管理与公司治理 [J]. 经济研究, 2010, 45 (11): 88-100.

[77] 苏坤. 管理层股权激励、风险承担与资本配置效率 [J]. 管理科学, 2015, 28 (03): 14-25.

[78] 苏昕, 王立民, 刘昊龙. 员工持股计划对实体企业成长的影响 [J]. 改革, 2022 (09): 123-142.

[79] 孙洪哲, 常真真. 不确定环境下员工持股计划对企业创新效率的影响研究——基于企业生命周期理论的检验 [J]. 山西财政税务专科学校学报, 2024, 26 (02): 26-34.

[80] 孙即, 张望军, 周易. 员工持股计划的实施动机及其效果研究 [J]. 当代财经, 2017 (09): 45-58.

[81] 孙哲, 艾尼瓦尔. 员工组织承诺与国有企业创新——员工持股计划的激励与约束双重逻辑 [J]. 武汉大学学报（哲学社会科学版）, 2024, 77 (06): 130-141.

[82] 田轩, 孟清扬. 股权激励计划能促进企业创新吗 [J]. 南开管理评论, 2018, 21 (03): 176-190.

[83] 涂燕. A 公司两轮次员工持股计划案例分析——基于与 2018 年限制性股份激励计划的对比 [J]. 投资与创业, 2023, 34 (02): 132-134.

[84] 王斌, 黄娜, 张晨宇. 中国上市公司股权激励: 现状与讨论 [J]. 财务研究, 2022 (01): 23-37.

[85] 王海芳, 牛明彤, 包建彬, 等. 高管激励与企业ESG表现 [J]. 财会月刊, 2024, 45 (14): 60-67.

[86] 王华, 黄之骏. 经营者股权激励、董事会组成与企业价值——基于内生性视角的经验分析 [J]. 管理世界, 2006 (09): 101-116+172.

[87] 王京, 范明珠, 林慧. 高管股权激励的环境治理效应: "名副其实" 抑或 "虚有其表"——基于我国A股高污染企业的经验证据 [J]. 财经研究, 2023, 49 (11): 50-64.

[88] 王丽. 非上市公司员工持股计划的会计与税务处理——以Z公司的实践为案例 [J]. 商业会计, 2025 (01): 100-103.

[89] 王利锐. 我国员工持股制度的发展与改革 [J]. 理论界, 2008 (05): 68-69.

[90] 王生年, 韩文静. 员工持股降低了股票错误定价吗? [J]. 投资研究, 2023, 42 (04): 79-95.

[91] 王诗琪, 郭奎. 股权激励还是员工持股: 基于启明星辰的案例分析 [J]. 财务与会计, 2022 (24): 25-28+34.

[92] 王文兵, 干胜道, 段华友. 员工持股计划: 值得期待的一种尝试——兼评《上市公司员工持股计划管理暂行办法 (征求意见稿)》[J]. 现代经济探讨, 2012 (11): 63-67.

[93] 王文华, 何杭娟, 钟海连. 员工持股计划与企业创新绩效——基于创新文化的中介效应 [J]. 经济与管理评论, 2023, 39 (04): 97-108.

[94] 王文轩, 任孟莹, 卢柏宏. 中国企业员工持股计划的研究热点和演进趋势——基于CiteSpace文本统计可视化分析

[J]. 产业创新研究, 2021 (23): 15-17.

[95] 王小玫, 董雅浩, 邓博夫. 产业升级与人力资本激励——基于员工持股计划和高管股权激励基本事实的洞见 [J]. 管理会计研究, 2022 (06): 76-81.

[96] 王欣桐, 王雷. 业绩型股权激励、行权条件与企业 ESG 表现 [J]. 管理会计研究, 2024 (03): 22-35.

[97] 王旭乔, 张泓. "现金+股票"组合激励对于阿里云公司的影响分析 [J]. 财务与会计, 2022 (24): 32-34.

[98] 王燕妮. 高管激励对研发投入的影响研究——基于我国制造业上市公司的实证检验 [J]. 科学学研究, 2011, 29 (07): 1071-1078.

[99] 王烨, 盛明泉, 孙慧倩. 大股东监督与员工持股计划的替代效应研究——基于2014年员工持股制度改革的经验数据 [J]. 财贸研究, 2019, 30 (11): 94-110.

[100] 王烨, 孙娅妮, 孙慧倩, 等. 员工持股计划如何提升内部控制有效性?——基于PSM的实证研究 [J]. 审计与经济研究, 2021, 36 (01): 14-25.

[101] 王烨, 叶玲, 盛明泉. 管理层权力、机会主义动机与股权激励计划设计 [J]. 会计研究, 2012 (10): 35-41+95.

[102] 王烨, 周政. 员工持股计划: "混改"方案还是"圈钱"手段, 抑或福利工具?——基于五粮液的案例研究 [J]. 郑州航空工业管理学院学报, 2017, 35 (02): 97-103.

[103] 王在全, 新一轮国有企业改革中员工持股问题研究 [J]. 经济纵横, 2015 (12): 32-35.

[104] 吴博雅, 董雅浩, 王小玫, 等. 失之交臂, 引以为憾?——委托代理理论视角下对光峰科技股权激励终止的案例研究

[J]. 管理会计研究, 2023 (01): 56-66.

[105] 吴秋生, 师俏. 核心员工股权激励与企业新质生产力发展 [J]. 财会通讯, 2025 (01): 25-30.

[106] 吴卫红, 刘颖, 张爱美. 股权激励能促进企业创新吗——基于激励对象和激励模式异质性的视角 [J]. 会计研究, 2024 (04): 98-111.

[107] 吴育辉, 吴世农. 高管薪酬: 激励还是自利?——来自中国上市公司的证据 [J]. 会计研究, 2010 (11): 40-48+96-97.

[108] 夏纪军, 张晏. 控制权与激励的冲突——兼对股权激励有效性的实证分析 [J]. 经济研究, 2008 (03): 87-98.

[109] 肖淑芳, 石琦, 王婷, 等. 上市公司股权激励方式选择偏好——基于激励对象视角的研究 [J]. 会计研究, 2016 (06): 55-62+95.

[110] 辛宇, 吕长江. 激励、福利还是奖励: 薪酬管制背景下国有企业股权激励的定位困境——基于泸州老窖的案例分析 [J]. 会计研究, 2012 (06): 67-75+93.

[111] 徐焱军, 熊艳, 林子昂. 员工持股计划对企业社会责任的影响研究——基于多期双重差分模型的检验 [J]. 工业技术经济, 2023, 42 (11): 67-78.

[112] 徐玉德, 李昌振. 我国资本市场支持科技创新的成效、困境及政策建议 [J]. 财政科学, 2022 (05): 15-30.

[113] 徐玉德, 李昌振. 资本市场支持科技创新的逻辑机理与现实路径 [J]. 财会月刊, 2022 (16): 141-146.

[114] 薛欢. 员工持股在我国国有企业中的法律问题分析 [J]. 法制博览, 2017 (24): 63-65.

[115] 颜莉, 林诗嫣. 员工持股计划动态演化对企业创新的影响——以水晶光电为例 [J]. 湖北经济学院学报 (人文社会科学版), 2025, 22 (04): 78-82.

[116] 杨慧辉, 王玺涵. 激励工具还是收买工具?——退市保千股权激励的前车之鉴 [J]. 中国管理会计, 2023 (02): 30-39.

[117] 雍红艳, 袁浩洋. "零成本" 员工持股计划: 共同富裕还是谋谁之利? [J]. 管理世界, 2025, 41 (04): 218-242.

[118] 于培友, 戴辉, 宋翔宇. 员工持股计划与企业创新效率——基于分析师关注的中介效应 [J]. 审计与经济研究, 2022, 37 (06): 70-78.

[119] 于晓红, 周紫荆, 李晶晶. 员工持股、融资约束与企业价值 [J]. 税务与经济, 2022 (04): 65-72.

[120] 俞鸿琳. 国有上市公司管理者股权激励效应的实证检验 [J]. 经济科学, 2006 (01): 108-116.

[121] 俞梦婷, 刘梅娟. 控制权争夺下员工持股计划复杂动机研究——以金科股份为案例 [J]. 绿色财会, 2022 (08): 46-50.

[122] 袁敏. 首席执行官的股权激励计划研究——以特斯拉为例 [J]. 财会月刊, 2023, 44 (21): 110-116.

[123] 袁媛. 员工持股计划在我国国有企业中应用价值研究 [J]. 纳税, 2018, 12 (25): 221.

[124] 占菲菲. 国有企业员工持股模式的比较与分析 [J]. 甘肃金融, 2017 (03): 63-68+58.

[125] 张春芳. 基于沪市员工持股计划实践的现实思考 [J]. 上海立信会计金融学院学报, 2018 (01): 96-102.

[126] 张宏亮,高树敏. 我国上市公司员工股权激励:运行实践及设计实施 [J]. 财务与会计,2022 (24):19-24.

[127] 张继德,张馨予,王昊. 科创板股权激励与企业创新绩效传导机制研究 [J]. 会计之友,2024 (02):53-61.

[128] 张娜,李鹏涛,张晓珂. 员工持股计划的理论分析 [J]. 中国证券期货,2013 (04):7-8.

[129] 张学志,李灿权,周梓洵. 员工持股计划、内部监督与企业违规 [J]. 世界经济,2022,45 (03):185-211.

[130] 张莹,孟辰. 上市公司员工持股计划问题研究——以伊利股份为例 [J]. 营销界,2021 (13):41-42.

[131] 张永冀,吕彤彤,苏治. 员工持股计划与薪酬粘性差距 [J]. 会计研究,2019 (08):55-63.

[132] 张悦玫,张芳,李延喜. 会计稳健性、融资约束与投资效率 [J]. 会计研究,2017 (09):35-40+96.

[133] 赵宇恒,朱欣然,石潮滨. 员工持股计划在反收购中的应用——以金科股份为例 [J]. 财务与会计,2023 (13):29-32.

[134] 郑志刚,杜瞻豫,李邈,等. 员工持股计划能吸引优秀人才加盟吗?——来自基金行业的证据 [J]. 证券市场导报,2024 (04):58-66.

[135] 郑志刚,雍红艳,黄继承. 员工持股计划的实施动机:激励还是防御 [J]. 中国工业经济,2021 (03):118-136.

[136] 郑志刚,张浩,黄继承,等. 员工持股计划的复杂动机研究——基于控股股东股权质押的视角 [J]. 财贸经济,2021,42 (07):67-81.

[137] 钟凤英,冷冰洁. 员工持股计划、内部控制与创新绩

效[J]. 经济问题, 2022 (08): 120-128.

[138] 周冬华, 黄佳, 赵玉洁. 员工持股计划与企业创新[J]. 会计研究, 2019 (03): 63-70.

[139] 周宏, 朴妍秀, 陈旭辉, 等. 非高管员工股权激励与公司债券信用利差——基于A股上市公司2010—2020年债券数据的经验证据[J]. 会计研究, 2024 (02): 169-181.

[140] 周仁俊, 高开娟. 大股东控制权对股权激励效果的影响[J]. 会计研究, 2012 (05): 50-58+94.

[141] 周旋, 田治威. 红筹企业回归A股的路径与股权激励处理——基于五家回归科创板红筹企业的分析[J]. 财会通讯, 2023 (06): 119-122.

[142] 朱德胜, 周晓珮. 股权制衡、高管持股与企业创新效率[J]. 南开管理评论, 2016, 19 (03): 136-144.

[143] 朱芳芳. 股权激励对企业创新效率的影响研究——基于异质性视角[J]. 管理会计研究, 2024 (05): 79-93.

[144] 朱可銎, 张晓琳. 欧盟各国员工持股及利润分享计划对中国企业的启示[J]. 中国证券期货, 2013 (01): 61-62.

[145] 朱沛华, 李方方, 李军林. 高管外部薪酬差距的激励扭曲效应——以企业违规为例的研究[J]. 经济管理, 2024, 46 (04): 113-131.

[146] 朱砚秋, 杨力. 股权激励: 是高管独享还是全员持股?——基于《关于上市公司实施员工持股计划试点的指导意见》的思考[J]. 财会通讯, 2017 (18): 80-85+129.

[147] 竺李乐, 李雪, 毛毅翀. 员工持股计划、融资约束与国有企业双元创新产出[J]. 技术经济, 2023, 42 (02): 90-99.

[148] 庄莉，陆雄文. 员工持股和管理层持股：从美国到中国 [J]. 经济理论与经济管理，2000（03）：11－15.

[149] 石颖. 中国上市公司员工持股计划的影响效应研究 [M]. 北京：中国社会科学出版社，2020.

[150] 徐怀玉，应慧燕，宋蕊. 国企改革大决战：五突破一加强操作指引 [M]. 北京：企业管理出版社，2020.

[151] 杨华领. 员工股权激励与上市公司经营绩效 [M]. 北京：清华大学出版社，2019.

[152] 张飞雁. 中国国有企业混合所有制改革的路径研究 [M]. 北京：光明日报出版社，2021.

[153] Babenko I, SenR. Do Nonexecutive Employees Have Valuable Information? Evidence from Employee Stock Purchase Plans [J]. Management Science, 2016, 62 (7): 1878－1898.

[154] Beatty A. The Cash Flow and Informational Effects of Employee Stock Ownership Plans [J]. Journal of Financial Economics, 1995, 38 (2): 211－240.

[155] Benmelech E, Kandel E. Stock－Based Compensation and CEO (Dis) Incentives [J]. The Quarterly Journal of Economics, 2010, 125 (4): 1769－1820.

[156] Blasi J, Kruse D, Freeman R B. Broad－based Employee Stock Ownership and Profit Sharing: History, Evidence, and Policy Implications [J]. Journal of Participation and Employee Ownership, 2018 (1): 38－60.

[157] Bova F, Dou Y, Hope O K. Employee Ownership and Firm Disclosure [J]. Contemporary Accounting Research, 2015, 32 (2): 639－673.

[158] Bryson A, Freeman R B. The Role of Employee Stock Purchase Plans—Gift and Incentive? Evidence from a Multinational Corporation [J]. British Journal of Industrial Relations, 2019 (1): 86 – 106.

[159] Ginglinger, E., W. Megginson, and T. Waxin. Employee Ownership, Board Representation, and Corporate Financial Policies [J]. Journal of Corporate Finance, 2011, 17 (4): 868 – 887.

[160] Gordon L A, Pound J. ESOPs and Corporate Control [J]. Journal of Financial Economics, 1990, 27 (2): 525 – 555.

[161] Jones D C, Kato T. The Productivity Effects of Employee Stock – Ownership Plans and Bonuses: Evidence from Japanese Panel Data [J]. American Economic Review, 1995, 85 (3): 391 – 414.

[162] Kim E H, Ouimet P. Broad – based Employee Stock Ownership: Motives and Outcomes [J]. The Journal of Finance, 2014 (3): 1273 – 1319.

[163] Kruse D, Blasi J, Weltmann D, et al. Do Employee Share Owners Face too Much Financial Risk? [J]. Industrial and Labor Relations Review, 2022 (3): 716 – 740.

[164] Kumbhakar S C, Dunbar A E. The Elusive ESOP – Productivity Link: Evidence from U. S. Firm – Level Data [J]. Journal of Public Economics, 1993, 52 (2): 273 – 283.

[165] Kurtulus F A, Kruse D. An Empirical Analysis of the Relationship Between Employee Ownership and Employment Stability in the US: 1999 – 2011 [J]. British Journal of Industrial Relations, 2018 (2): 245 – 291.

[166] Li, K., B. Qiu, and R. Shen. Organization Capital and Mergers and Acquisitions [J]. Journal of Financial and Quantitative Analysis, 2018, 53 (4): 1871 – 1909.

[167] Mauldin E G. Systematic Differences in Employee Stock Ownership Plan Contributions: Some Evidence [J]. Journal of Accounting & Public Policy, 1999, 18 (2): 141 – 163.

[168] Meng, R., X. Ning, X. Zhou, and H. Zhu. Do ESOPs Enhance Firm Performance? Evidence from China's Reform Experiment [J]. Journal of Banking & Finance, 2011, 35 (6): 1541 – 1551.

[169] O'Boyle E H, Patel P C, Gonzalez – Mulé E. Employee Ownership and Firm Performance: A Meta – analysis [J]. Human Resource Management Journal, 2016 (4): 425 – 448.

[170] Poulain R T, Lepers X. Does Employee Ownership Benefit Value Creation? The Caseof France (2001—2005) [J]. Journal of Business Ethics, 2013 (112): 325 – 340.

[171] Pugh W N, Oswald S L, Jr J S J. The Effect of ESOP Adoptions on Corporate Performance: Are There Really Performance Changes? [J]. Managerial & Decision Economics, 2000, 21 (5): 167 – 180.

[172] Richter A, Schrader S. Levels of Employee Share Ownership and the Performance of Listed Companies in Europe [J]. British Journal of Industrial Relations, 2017 (2): 396 – 420.

[173] Waseem F, Abbas S F, Farooq A. Nexus of Employee Stock Ownership with Cost of Capital: Evidence from KSE 100 [J]. Journal of Management, 2022 (1): 38 – 50.

附 录

2015—2023 年深市实施员工持股计划的上市公司

序号	证券简称	董事会预案日	实施完成日
1	亚厦股份	2015 年	2016 - 07 - 15
2	辉煌科技	2015 年	2016 - 05 - 12
3	乾照光电	2015 年	2016 - 03 - 21
4	探路者	2015 年	2016 - 03 - 22
5	积成电子	2015 年	2016 - 03 - 16
6	德展健康	2015 年	2016 - 12 - 21
7	东宝生物	2015 年	2016 - 02 - 16
8	节能铁汉	2015 年	2016 - 03 - 03
9	金螳螂	2015 年	2015 - 12 - 25
10	京山轻机	2015 年	2016 - 01 - 28
11	和而泰	2015 年	2015 - 12 - 24
12	长盈精密	2015 年	2016 - 05 - 16
13	赛摩智能	2015 年	2016 - 07 - 27
14	山东威达	2015 年	2016 - 06 - 14
15	益生股份	2015 年	2016 - 01 - 08
16	五粮液	2015 年	2018 - 04 - 19
17	云图控股	2015 年	2016 - 01 - 20
18	中金环境	2015 年	2015 - 11 - 25
19	水晶光电	2015 年	2016 - 01 - 12
20	铜陵有色	2015 年	2017 - 01 - 17

续表

序号	证券简称	董事会预案日	实施完成日
21	*ST 银江	2015 年	2016－06－14
22	亿通科技	2015 年	2015－12－25
23	万顺新材	2015 年	2016－02－04
24	ST 加加	2015 年	2016－01－06
25	上海新阳	2015 年	2016－02－15
26	沃森生物	2015 年	2015－12－08
27	新华制药	2015 年	2017－10－12
28	大立科技	2015 年	2016－01－23
29	世纪瑞尔	2015 年	2015－12－02
30	宜通世纪	2015 年	2016－03－23
31	宝莱特	2015 年	2016－01－06
32	西王食品	2015 年	2015－12－11
33	中海达	2015 年	2015－10－20
34	中核钛白	2015 年	2016－02－25
35	招商蛇口	2015 年	2016－01－13
36	云意电气	2015 年	2015－12－23
37	高德红外	2015 年	2016－09－29
38	富安娜	2015 年	2016－03－10
39	宝鹰股份	2015 年	2016－01－19
40	合康新能	2015 年	2015－12－07
41	旋极信息	2015 年	2015－10－22
42	欧菲光	2015 年	2015－11－04
43	华东重机	2015 年	2015－10－16
44	国新健康	2015 年	2015－12－31

续表

序号	证券简称	董事会预案日	实施完成日
45	冠昊生物	2015年	2015-11-10
46	皇庭国际	2015年	2015-12-21
47	风华高科	2015年	2016-05-31
48	广东鸿图	2015年	2016-04-21
49	歌尔股份	2015年	2015-09-23
50	合纵科技	2015年	2016-09-12
51	华映科技	2015年	2015-12-01
52	东港股份	2015年	2017-02-09
53	恒大高新	2015年	2015-12-28
54	*ST合泰	2015年	2016-07-20
55	鸿博股份	2015年	2016-01-20
56	摩恩电气	2015年	2015-12-31
57	洽洽食品	2015年	2016-01-11
58	海伦哲	2015年	2015-09-15
59	金龙机电	2015年	2015-12-01
60	德美化工	2015年	2015-11-25
61	溢多利	2015年	2016-07-18
62	恩华药业	2015年	2015-08-28
63	亿纬锂能	2015年	2015-12-22
64	闽发铝业	2015年	2016-01-15
65	恒基达鑫	2015年	2015-12-30
66	云内动力	2015年	2015-08-18
67	云内动力	2015年	2016-02-19
68	海默科技	2015年	2016-01-06

续表

序号	证券简称	董事会预案日	实施完成日
69	珠江啤酒	2015 年	2017-03-08
70	辉丰股份	2015 年	2015-08-28
71	汉王科技	2015 年	2016-01-12
72	航宇微	2015 年	2016-01-07
73	大华股份	2015 年	2016-01-06
74	亚钾国际	2015 年	2016-01-05
75	硅宝科技	2015 年	2016-08-11
76	汉缆股份	2015 年	2016-07-20
77	达实智能	2015 年	2015-12-22
78	方直科技	2015 年	2015-11-11
79	亚厦股份	2015 年	2016-02-02
80	雅化集团	2015 年	2015-12-18
81	普利特	2015 年	2016-01-08
82	好想你	2015 年	2016-10-12
83	ST 八菱	2015 年	2017-07-14
84	雪人股份	2015 年	2016-06-17
85	安科瑞	2015 年	2016-01-06
86	物产金轮	2015 年	2015-09-30
87	奥维通信	2015 年	2015-09-25
88	利民股份	2015 年	2016-01-26
89	康盛股份	2015 年	2016-01-06
90	兆驰股份	2015 年	2015-09-23
91	秀强股份	2015 年	2016-04-01
92	莱美药业	2015 年	2015-12-31

续表

序号	证券简称	董事会预案日	实施完成日
93	ST 天瑞	2015 年	2016-02-17
94	青岛金王	2015 年	2016-06-08
95	神州泰岳	2015 年	2015-12-24
96	富春环保	2015 年	2015-12-04
97	吴通控股	2015 年	2015-09-01
98	罗普斯金	2015 年	2016-05-04
99	阳光电源	2015 年	2015-09-15
100	久其软件	2015 年	2015-12-03
101	天龙集团	2015 年	2015-09-02
102	中公教育	2015 年	2016-01-22
103	永兴材料	2015 年	2015-08-25
104	海兰信	2015 年	2015-09-03
105	德尔未来	2015 年	2015-11-28
106	中建环能	2015 年	2016-09-24
107	平潭发展	2015 年	2016-01-05
108	三花智控	2015 年	2015-09-30
109	道明光学	2015 年	2015-11-19
110	新和成	2015 年	2015-11-09
111	亿帆医药	2015 年	2015-11-27
112	中电环保	2015 年	2016-01-11
113	远方信息	2015 年	2016-06-30
114	常山药业	2015 年	2015-09-30
115	鱼跃医疗	2015 年	2016-06-23
116	开山股份	2015 年	2015-09-02

续表

序号	证券简称	董事会预案日	实施完成日
117	ST 易购	2015 年	2016-05-30
118	海能达	2015 年	2016-07-01
119	汤臣倍健	2015 年	2015-08-12
120	福星股份	2015 年	2015-09-30
121	索菲亚	2015 年	2015-09-29
122	史丹利	2015 年	2015-09-21
123	元力股份	2015 年	2015-08-07
124	*ST 嘉寓	2015 年	2015-07-24
125	北信源	2015 年	2016-01-05
126	红宝丽	2015 年	2016-06-08
127	新华都	2015 年	2016-03-08
128	盛通股份	2015 年	2015-11-06
129	网宿科技	2015 年	2016-02-24
130	卫星化学	2015 年	2015-07-02
131	三六五网	2015 年	2015-12-23
132	新时达	2015 年	2015-12-22
133	瑞普生物	2015 年	2016-08-22
134	华民股份	2015 年	2015-07-03
135	ST 摩登	2015 年	2016-07-25
136	安科生物	2015 年	2015-12-23
137	依米康	2015 年	2016-01-29
138	国瓷材料	2015 年	2016-03-25
139	ST 智云	2015 年	2015-12-10
140	泰胜风能	2015 年	2015-12-31

续表

序号	证券简称	董事会预案日	实施完成日
141	中来股份	2015 年	2015－06－25
142	飞马国际	2015 年	2015－07－01
143	达华智能	2015 年	2016－01－08
144	新研股份	2015 年	2015－12－16
145	高新兴	2015 年	2015－12－03
146	永贵电器	2015 年	2015－07－04
147	奥克股份	2015 年	2015－11－09
148	金新农	2015 年	2015－12－22
149	紫光股份	2015 年	2016－05－05
150	紫光股份	2015 年	2016－05－05
151	天华新能	2015 年	2015－12－24
152	宝新能源	2015 年	2015－06－05
153	华策影视	2015 年	2015－06－30
154	翰宇药业	2015 年	2016－10－11
155	赞宇科技	2015 年	2016－08－03
156	欧菲光	2015 年	2015－05－26
157	利亚德	2015 年	2015－07－07
158	海能达	2015 年	2015－07－24
159	德龙汇能	2015 年	2016－06－07
160	智光电气	2015 年	2015－11－10
161	贝因美	2015 年	2015－08－27
162	楚江新材	2015 年	2015－12－14
163	华孚时尚	2015 年	2015－06－30
164	华伍股份	2015 年	2016－05－19

续表

序号	证券简称	董事会预案日	实施完成日
165	三七互娱	2015 年	2016-01-05
166	国联水产	2015 年	2015-05-19
167	长信科技	2015 年	2015-06-17
168	合兴包装	2015 年	2015-07-23
169	比亚迪	2015 年	2015-06-23
170	牧原股份	2015 年	2015-12-24
171	歌尔股份	2015 年	2015-06-23
172	双塔食品	2015 年	2015-06-09
173	瑞康医药	2015 年	2015-05-13
174	拓维信息	2015 年	2015-12-24
175	万达信息	2015 年	2015-06-10
176	慈星股份	2015 年	2015-06-03
177	当升科技	2015 年	2015-09-01
178	*ST 东园	2015 年	2016-01-13
179	大华股份	2015 年	2015-05-07
180	金运激光	2015 年	2015-05-26
181	鼎龙股份	2015 年	2015-06-04
182	美的集团	2015 年	2015-05-18
183	华英农业	2015 年	2016-01-20
184	安利股份	2015 年	2015-07-03
185	广联达	2015 年	2015-07-02
186	欣龙控股	2015 年	2015-08-26
187	广电运通	2015 年	2016-03-10
188	利源股份	2015 年	2016-02-29

续表

序号	证券简称	董事会预案日	实施完成日
189	海南海药	2015 年	2015-05-12
190	爱仕达	2015 年	2016-05-17
191	中化岩土	2015 年	2015-12-18
192	洲明科技	2015 年	2015-06-29
193	科远智慧	2015 年	2015-05-15
194	安妮股份	2015 年	2015-04-29
195	亚厦股份	2015 年	2015-03-23
196	汉得信息	2015 年	2015-03-06
197	武汉凡谷	2015 年	2015-06-15
198	久立特材	2015 年	2015-05-26
199	泰尔股份	2015 年	2015-06-02
200	金龙机电	2015 年	2015-02-11
201	康芝药业	2015 年	2015-05-05
202	中际旭创	2015 年	2015-07-01
203	康芝药业	2015 年	2015-05-05
204	诺普信	2015 年	2015-04-27
205	汉威科技	2015 年	2015-06-15
206	航天彩虹	2015 年	2015-09-25
207	御银股份	2015 年	2015-02-16
208	*ST 中程	2015 年	2015-05-15
209	ST 易事特	2015 年	2015-06-29
210	武商集团	2015 年	2016-04-07
211	齐心集团	2015 年	2015-04-30
212	实益达	2015 年	2015-03-31

续表

序号	证券简称	董事会预案日	实施完成日
213	迪安诊断	2015 年	2016-02-04
214	信质集团	2015 年	2015-05-20
215	利亚德	2015 年	2016-01-06
216	芭田股份	2015 年	2015-04-29
217	香雪制药	2015 年	2015-06-18
218	泰格医药	2016 年	2017-05-08
219	世纪鼎利	2016 年	2017-08-17
220	富春股份	2016 年	2019-01-16
221	赛摩智能	2016 年	2017-10-11
222	新研股份	2016 年	2017-06-16
223	日海智能	2016 年	2017-05-18
224	海大集团	2016 年	2017-03-21
225	怡亚通	2016 年	2017-03-13
226	润和软件	2016 年	2017-02-15
227	信维通信	2016 年	2017-02-28
228	高盟新材	2016 年	2017-06-23
229	朗姿股份	2016 年	2017-07-20
230	捷成股份	2016 年	2016-12-21
231	海普瑞	2016 年	2017-03-09
232	索菱股份	2016 年	2016-12-29
233	国恩股份	2016 年	2016-12-09
234	海能达	2016 年	2017-12-15
235	浙江永强	2016 年	2017-06-05
236	ST 八菱	2016 年	2017-05-22

续表

序号	证券简称	董事会预案日	实施完成日
237	康力电梯	2016 年	2017 - 05 - 10
238	东土科技	2016 年	2016 - 12 - 16
239	中金环境	2016 年	2017 - 05 - 17
240	吴通控股	2016 年	2016 - 12 - 02
241	茂硕电源	2016 年	2016 - 12 - 31
242	元力股份	2016 年	2016 - 12 - 14
243	利亚德	2016 年	2016 - 11 - 14
244	ST 英飞拓	2016 年	2017 - 03 - 13
245	孚日股份	2016 年	2016 - 10 - 31
246	皖通科技	2016 年	2016 - 11 - 11
247	龙洲股份	2016 年	2017 - 03 - 13
248	众信旅游	2016 年	2017 - 03 - 06
249	美年健康	2016 年	2016 - 09 - 23
250	ST 凯文	2016 年	2016 - 11 - 25
251	岭南控股	2016 年	2017 - 05 - 19
252	上海新阳	2016 年	2016 - 11 - 21
253	南极电商	2016 年	2017 - 10 - 16
254	*ST 合泰	2016 年	2016 - 12 - 30
255	金明精机	2016 年	2016 - 11 - 14
256	诺普信	2016 年	2017 - 01 - 23
257	天奇股份	2016 年	2016 - 11 - 03
258	巨轮智能	2016 年	2017 - 06 - 09
259	亿纬锂能	2016 年	2016 - 11 - 01
260	恒逸石化	2016 年	2016 - 09 - 30

续表

序号	证券简称	董事会预案日	实施完成日
261	吉林敖东	2016 年	2016-12-30
262	中科金财	2016 年	2016-07-21
263	九鼎新材	2016 年	2017-01-17
264	回天新材	2016 年	2017-07-04
265	友邦吊顶	2016 年	2016-12-27
266	银禧科技	2016 年	2017-01-24
267	水晶光电	2016 年	2016-08-31
268	迪森股份	2016 年	2016-09-28
269	迪森股份	2016 年	2016-09-19
270	启明星辰	2016 年	2017-01-10
271	拓日新能	2016 年	2016-09-23
272	友阿股份	2016 年	2016-07-25
273	宝新能源	2016 年	2016-06-01
274	四维图新	2016 年	2017-03-22
275	特锐德	2016 年	2016-06-30
276	潮宏基	2016 年	2017-07-19
277	齐心集团	2016 年	2016-08-12
278	*ST 嘉寓	2016 年	2016-11-07
279	启迪环境	2016 年	2017-08-17
280	清新环境	2016 年	2016-07-18
281	万里扬	2016 年	2016-12-15
282	捷顺科技	2016 年	2016-07-19
283	湖南白银	2016 年	2016-09-14
284	中洲控股	2016 年	2016-07-13

续表

序号	证券简称	董事会预案日	实施完成日
285	开尔新材	2016 年	2016-08-06
286	牧原股份	2016 年	2017-04-18
287	英唐智控	2016 年	2016-06-20
288	瑞丰光电	2016 年	2016-07-21
289	智飞生物	2016 年	2016-05-05
290	久远银海	2016 年	2018-02-01
291	强力新材	2016 年	2016-05-13
292	海洋王	2016 年	2016-09-12
293	博雅生物	2016 年	2016-06-28
294	美的集团	2016 年	2016-04-26
295	建投能源	2016 年	2016-04-21
296	中国天楹	2016 年	2016-12-02
297	天舟文化	2016 年	2016-05-13
298	宝鼎科技	2016 年	2017-09-12
299	飞凯材料	2016 年	2016-06-08
300	宝通科技	2016 年	2016-04-22
301	硕贝德	2016 年	2016-07-22
302	雪迪龙	2016 年	2016-07-22
303	山子高科	2016 年	2016-05-25
304	银邦股份	2016 年	2016-03-25
305	南方精工	2016 年	2016-04-28
306	ST 八菱	2016 年	2016-08-03
307	ST 八菱	2016 年	2016-08-03
308	天晟新材	2016 年	2016-12-31

续表

序号	证券简称	董事会预案日	实施完成日
309	万达信息	2016 年	2016 - 03 - 22
310	锦富技术	2016 年	2016 - 05 - 16
311	华孚时尚	2016 年	2016 - 03 - 04
312	汇洲智能	2016 年	2016 - 04 - 29
313	莱茵生物	2016 年	2016 - 03 - 29
314	天府文旅	2016 年	2016 - 03 - 23
315	利欧股份	2016 年	2016 - 05 - 30
316	御银股份	2016 年	2016 - 02 - 05
317	特锐德	2016 年	2016 - 01 - 29
318	完美世界	2016 年	2016 - 06 - 13
319	完美世界	2016 年	2016 - 06 - 13
320	超图软件	2016 年	2016 - 06 - 29
321	勤上股份	2016 年	2016 - 12 - 01
322	天虹股份	2017 年	2018 - 06 - 25
323	中富通	2017 年	2018 - 02 - 15
324	歌尔股份	2017 年	2018 - 02 - 08
325	百川股份	2017 年	2018 - 05 - 16
326	艾比森	2017 年	2018 - 02 - 15
327	龙佰集团	2017 年	2018 - 02 - 27
328	金智科技	2017 年	2018 - 02 - 06
329	*ST 合泰	2017 年	2018 - 05 - 22
330	齐翔腾达	2017 年	2018 - 02 - 28
331	*ST 合泰	2017 年	2018 - 07 - 24
332	美邦服饰	2017 年	2018 - 07 - 26

续表

序号	证券简称	董事会预案日	实施完成日
333	星源材质	2017 年	2018-02-02
334	阳普医疗	2017 年	2018-06-20
335	盛新锂能	2017 年	2018-01-12
336	信维通信	2017 年	2018-03-14
337	欧菲光	2017 年	2018-03-02
338	ST 金鸿	2017 年	2018-02-23
339	美晨科技	2017 年	2018-01-11
340	美年健康	2017 年	2018-01-03
341	亿纬锂能	2017 年	2017-12-26
342	创意信息	2017 年	2018-01-08
343	伟星股份	2017 年	2017-12-26
344	水晶光电	2017 年	2017-12-08
345	欧菲光	2017 年	2018-01-09
346	航锦科技	2017 年	2017-12-22
347	道恩股份	2017 年	2018-01-30
348	理邦仪器	2017 年	2018-05-03
349	利君股份	2017 年	2017-11-23
350	天融信	2017 年	2018-01-09
351	海王生物	2017 年	2017-12-05
352	弘信电子	2017 年	2018-06-26
353	开润股份	2017 年	2017-11-09
354	会畅通讯	2017 年	2017-12-21
355	众生药业	2017 年	2017-12-12
356	越秀资本	2017 年	2020-11-02

续表

序号	证券简称	董事会预案日	实施完成日
357	越秀资本	2017年	2018-02-09
358	ST步步高	2017年	2017-12-12
359	川润股份	2017年	2017-12-12
360	棕榈股份	2017年	2017-11-24
361	*ST名家	2017年	2017-12-18
362	中核钛白	2017年	2017-11-16
363	光华科技	2017年	2017-12-14
364	创业慧康	2017年	2018-03-01
365	金陵体育	2017年	2017-11-07
366	榕基软件	2017年	2017-11-21
367	比音勒芬	2017年	2018-01-31
368	台基股份	2017年	2017-11-23
369	中顺洁柔	2017年	2017-12-20
370	斯莱克	2017年	2017-12-04
371	恒星科技	2017年	2017-11-02
372	万顺新材	2017年	2017-11-23
373	索菲亚	2017年	2017-12-18
374	新宝股份	2017年	2017-09-21
375	力盛体育	2017年	2017-11-27
376	清新环境	2017年	2017-12-01
377	*ST旭蓝	2017年	2017-11-14
378	百洋股份	2017年	2017-09-23
379	兴民智通	2017年	2018-02-09
380	*ST东园	2017年	2018-02-09

续表

序号	证券简称	董事会预案日	实施完成日
381	神宇股份	2017 年	2018 – 01 – 10
382	ST 证通	2017 年	2017 – 12 – 19
383	莱茵生物	2017 年	2017 – 09 – 15
384	博思软件	2017 年	2018 – 02 – 06
385	瑞丰光电	2017 年	2017 – 12 – 05
386	诚益通	2017 年	2017 – 12 – 22
387	迪安诊断	2017 年	2017 – 09 – 08
388	广联达	2017 年	2017 – 12 – 12
389	牧原股份	2017 年	2017 – 08 – 17
390	锦富技术	2017 年	2018 – 01 – 12
391	五洋自控	2017 年	2017 – 08 – 30
392	五洋自控	2017 年	2019 – 08 – 08
393	金达威	2017 年	2017 – 07 – 24
394	麦趣尔	2017 年	2018 – 01 – 06
395	双箭股份	2017 年	2017 – 09 – 28
396	华西能源	2017 年	2017 – 12 – 19
397	联建光电	2017 年	2017 – 09 – 15
398	楚江新材	2017 年	2017 – 07 – 25
399	顺网科技	2017 年	2017 – 09 – 12
400	沪电股份	2017 年	2017 – 11 – 28
401	利亚德	2017 年	2017 – 09 – 26
402	岭南股份	2017 年	2017 – 09 – 15
403	华测检测	2017 年	2017 – 08 – 30
404	任子行	2017 年	2017 – 06 – 30

续表

序号	证券简称	董事会预案日	实施完成日
405	洽洽食品	2017年	2017-12-06
406	飞利信	2017年	2017-09-18
407	恒逸石化	2017年	2017-07-21
408	拓斯达	2017年	2017-06-28
409	克明食品	2017年	2017-11-20
410	*ST普利	2017年	2017-09-08
411	宝新能源	2017年	2017-07-10
412	*ST嘉寓	2017年	2017-11-22
413	大华股份	2017年	2017-06-01
414	盛达资源	2017年	2017-07-17
415	欧菲光	2017年	2017-06-29
416	联建光电	2017年	2017-06-02
417	节能国祯	2017年	2017-11-10
418	盛通股份	2017年	2017-09-26
419	信立泰	2017年	2017-06-07
420	长盈精密	2017年	2017-10-27
421	*ST东园	2017年	2017-07-10
422	协鑫集成	2017年	2017-06-16
423	美的集团	2017年	2017-05-18
424	顺络电子	2017年	2017-09-29
425	安利股份	2017年	2017-09-22
426	银邦股份	2017年	2017-06-21
427	双杰电气	2017年	2017-04-29
428	普邦股份	2017年	2018-02-06

续表

序号	证券简称	董事会预案日	实施完成日
429	英唐智控	2017 年	2017 - 06 - 20
430	雪迪龙	2017 年	2017 - 07 - 11
431	东方海洋	2017 年	2017 - 09 - 15
432	雄韬股份	2017 年	2017 - 11 - 17
433	冠昊生物	2017 年	2017 - 11 - 04
434	辰安科技	2017 年	2017 - 08 - 18
435	慈星股份	2017 年	2017 - 03 - 15
436	兆新股份	2017 年	2017 - 05 - 23
437	*ST 中利	2017 年	2017 - 07 - 17
438	斯莱克	2017 年	2017 - 07 - 21
439	大洋电机	2017 年	2017 - 03 - 29
440	三诺生物	2017 年	2017 - 07 - 21
441	荣联科技	2017 年	2017 - 02 - 16
442	联创电子	2017 年	2017 - 07 - 26
443	恒邦股份	2017 年	2017 - 07 - 12
444	福能东方	2017 年	2017 - 03 - 25
445	榕基软件	2017 年	2017 - 05 - 12
446	节能铁汉	2017 年	2017 - 06 - 30
447	远方信息	2017 年	2017 - 05 - 18
448	赫美集团	2017 年	2017 - 08 - 07
449	香雪制药	2017 年	2017 - 01 - 20
450	克明食品	2017 年	2017 - 05 - 05
451	万润科技	2017 年	2017 - 03 - 15
452	鸿利智汇	2017 年	2017 - 03 - 24

续表

序号	证券简称	董事会预案日	实施完成日
453	杰瑞股份	2017年	2017-02-13
454	乾照光电	2017年	2017-05-18
455	东南网架	2018年	2019-05-10
456	瑞康医药	2018年	2019-06-27
457	奥士康	2018年	2019-06-20
458	海普瑞	2018年	2019-02-01
459	新和成	2018年	2019-05-07
460	东山精密	2018年	2019-02-16
461	国轩高科	2018年	2019-11-14
462	华孚时尚	2018年	2019-06-14
463	泰格医药	2018年	2019-06-20
464	吉宏股份	2018年	2018-12-03
465	振东制药	2018年	2019-01-09
466	欣旺达	2018年	2019-01-18
467	永福股份	2018年	2019-02-01
468	ST英飞拓	2018年	2019-03-04
469	洁美科技	2018年	2018-12-15
470	越秀资本	2018年	2018-09-10
471	启迪设计	2018年	2018-12-26
472	闽发铝业	2018年	2019-01-16
473	海亮股份	2018年	2018-11-13
474	乐普医疗	2018年	2018-10-18
475	佳士科技	2018年	2018-09-22
476	洽洽食品	2018年	2018-12-21

续表

序号	证券简称	董事会预案日	实施完成日
477	ST红太阳	2018年	2019-02-22
478	和而泰	2018年	2018-09-11
479	环球印务	2018年	2019-01-31
480	华测检测	2018年	2018-12-11
481	银轮股份	2018年	2018-12-29
482	福安药业	2018年	2018-11-20
483	久立特材	2018年	2018-10-31
484	飞龙股份	2018年	2018-12-12
485	三七互娱	2018年	2018-09-05
486	游族网络	2018年	2018-12-18
487	楚江新材	2018年	2018-09-03
488	*ST嘉寓	2018年	2018-07-30
489	蒙草生态	2018年	2018-09-12
490	宝新能源	2018年	2018-05-31
491	ST易购	2018年	2018-06-27
492	奥飞数据	2018年	2018-11-20
493	安科生物	2018年	2019-03-20
494	皮阿诺	2018年	2019-02-15
495	森马服饰	2018年	2018-07-05
496	塔牌集团	2018年	2019-08-14
497	海大集团	2018年	2018-07-11
498	恒逸石化	2018年	2018-11-02
499	周大生	2018年	2018-07-09
500	苏交科	2018年	2018-08-24

续表

序号	证券简称	董事会预案日	实施完成日
501	美的集团	2018 年	2018-05-15
502	美的集团	2018 年	2018-05-15
503	利安隆	2018 年	2018-06-14
504	日海智能	2018 年	2018-07-20
505	TCL 科技	2018 年	2018-07-26
506	汤姆猫	2018 年	2018-06-30
507	永贵电器	2018 年	2018-03-19
508	国瓷材料	2018 年	2018-08-31
509	物产金轮	2018 年	2018-07-24
510	宏润建设	2018 年	2018-12-21
511	掌趣科技	2018 年	2018-03-21
512	雪人股份	2018 年	2018-11-15
513	南天信息	2018 年	2018-05-31
514	通鼎互联	2018 年	2018-05-28
515	华东重机	2018 年	2018-05-15
516	广田集团	2018 年	2019-01-24
517	中钢天源	2018 年	2018-03-23
518	海辰药业	2018 年	2018-03-26
519	长信科技	2018 年	2018-03-07
520	光韵达	2018 年	2018-07-26
521	洲明科技	2018 年	2018-06-29
522	长盈精密	2018 年	2018-07-30
523	云南能投	2018 年	2018-07-24
524	裕同科技	2018 年	2018-05-29

续表

序号	证券简称	董事会预案日	实施完成日
525	老板电器	2018 年	2018-05-04
526	东华软件	2018 年	2018-03-02
527	万丰奥威	2018 年	2018-05-29
528	杰瑞股份	2018 年	2018-02-01
529	汉王科技	2018 年	2018-02-14
530	榕基软件	2018 年	2018-02-12
531	跃岭股份	2018 年	2018-02-09
532	尚品宅配	2019 年	2020-05-13
533	东方通	2019 年	2020-04-22
534	*ST 金科	2019 年	2020-06-19
535	康达新材	2019 年	2020-01-15
536	坚朗五金	2019 年	2020-01-21
537	软控股份	2019 年	2020-01-20
538	捷佳伟创	2019 年	2020-06-16
539	中际旭创	2019 年	2019-12-18
540	雪人股份	2019 年	2020-07-31
541	宝鹰股份	2019 年	2020-05-27
542	万泽股份	2019 年	2020-05-15
543	盈峰环境	2019 年	2020-05-13
544	弘亚数控	2019 年	2019-11-28
545	朗科智能	2019 年	2019-12-27
546	梦网科技	2019 年	2020-01-06
547	云南白药	2019 年	2019-12-04
548	方正电机	2019 年	2020-04-24

续表

序号	证券简称	董事会预案日	实施完成日
549	扬杰科技	2019 年	2020-01-06
550	浙江永强	2019 年	2020-09-22
551	亿纬锂能	2019 年	2019-11-13
552	京新药业	2019 年	2019-11-29
553	京新药业	2019 年	2019-11-25
554	苏试试验	2019 年	2019-11-06
555	中恒电气	2019 年	2019-10-17
556	千红制药	2019 年	2020-03-31
557	越秀资本	2019 年	2019-11-06
558	金禾实业	2019 年	2019-11-25
559	裕兴股份	2019 年	2019-09-25
560	青龙管业	2019 年	2019-12-06
561	亿纬锂能	2019 年	2019-08-21
562	卫光生物	2019 年	2020-01-17
563	中顺洁柔	2019 年	2019-11-29
564	华伍股份	2019 年	2021-03-08
565	金信诺	2019 年	2020-01-21
566	顺灏股份	2019 年	2019-12-27
567	海伦哲	2019 年	2019-07-27
568	三七互娱	2019 年	2019-07-25
569	宝通科技	2019 年	2020-03-17
570	智飞生物	2019 年	2019-07-30
571	TCL 中环	2019 年	2019-07-02
572	比音勒芬	2019 年	2019-06-25

续表

序号	证券简称	董事会预案日	实施完成日
573	帝欧家居	2019 年	2019 - 08 - 05
574	上海新阳	2019 年	2019 - 09 - 26
575	横店东磁	2019 年	2019 - 12 - 05
576	英洛华	2019 年	2019 - 09 - 27
577	贝因美	2019 年	2019 - 07 - 29
578	宝新能源	2019 年	2019 - 05 - 27
579	普洛药业	2019 年	2019 - 06 - 11
580	盛通股份	2019 年	2019 - 07 - 24
581	水晶光电	2019 年	2019 - 07 - 09
582	集泰股份	2019 年	2019 - 06 - 17
583	裕兴股份	2019 年	2019 - 06 - 10
584	京山轻机	2019 年	2019 - 07 - 23
585	TCL 科技	2019 年	2019 - 10 - 12
586	龙佰集团	2019 年	2019 - 06 - 06
587	初灵信息	2019 年	2020 - 05 - 08
588	英威腾	2019 年	2019 - 06 - 21
589	美的集团	2019 年	2019 - 07 - 12
590	美的集团	2019 年	2019 - 07 - 08
591	山金国际	2019 年	2019 - 07 - 16
592	海大集团	2019 年	2019 - 11 - 06
593	苏交科	2019 年	2019 - 09 - 06
594	上峰水泥	2019 年	2019 - 08 - 14
595	长盈精密	2019 年	2020 - 05 - 18
596	辰安科技	2019 年	2019 - 06 - 27

续表

序号	证券简称	董事会预案日	实施完成日
597	中来股份	2019年	2019-06-10
598	科远智慧	2019年	2019-06-25
599	塔牌集团	2019年	2020-07-22
600	中核钛白	2019年	2019-04-27
601	隆盛科技	2019年	2019-05-18
602	分众传媒	2019年	2019-08-31
603	太龙股份	2019年	2019-05-21
604	海宁皮城	2019年	2019-04-15
605	天虹股份	2019年	2019-04-30
606	杰瑞股份	2019年	2019-02-01
607	亿纬锂能	2019年	2019-03-01
608	智能自控	2020年	2021-07-13
609	信立泰	2020年	2021-06-10
610	通富微电	2020年	2021-06-09
611	银轮股份	2020年	2021-03-12
612	ST聆达	2020年	2021-02-02
613	京新药业	2020年	2021-02-04
614	奥飞数据	2020年	2021-03-12
615	分众传媒	2020年	2021-01-12
616	拓斯达	2020年	2021-05-07
617	裕同科技	2020年	2021-03-16
618	振东制药	2020年	2021-03-30
619	泰格医药	2020年	2021-02-01
620	双环传动	2020年	2021-02-04

续表

序号	证券简称	董事会预案日	实施完成日
621	天顺风能	2020 年	2021 - 03 - 31
622	康达新材	2020 年	2020 - 12 - 25
623	高伟达	2020 年	2021 - 02 - 25
624	永安药业	2020 年	2021 - 12 - 17
625	游族网络	2020 年	2021 - 07 - 19
626	北京利尔	2020 年	2021 - 05 - 26
627	齐心集团	2020 年	2020 - 12 - 29
628	弘信电子	2020 年	2021 - 01 - 13
629	新和成	2020 年	2021 - 02 - 27
630	电连技术	2020 年	2020 - 12 - 25
631	中创环保	2020 年	2021 - 03 - 12
632	开润股份	2020 年	2020 - 12 - 01
633	开润股份	2020 年	2020 - 12 - 01
634	正海磁材	2020 年	2020 - 11 - 19
635	兔宝宝	2020 年	2020 - 11 - 19
636	克明食品	2020 年	2020 - 11 - 13
637	启明星辰	2020 年	2023 - 12 - 26
638	劲拓股份	2020 年	2020 - 10 - 20
639	太龙股份	2020 年	2020 - 11 - 24
640	TCL 科技	2020 年	2021 - 01 - 19
641	远望谷	2020 年	2020 - 12 - 17
642	荃银高科	2020 年	2020 - 12 - 18
643	共达电声	2020 年	2021 - 01 - 06
644	中核钛白	2020 年	2020 - 09 - 30

续表

序号	证券简称	董事会预案日	实施完成日
645	银河电子	2020 年	2020-09-28
646	回天新材	2020 年	2020-09-25
647	掌趣科技	2020 年	2020-10-28
648	ST 智云	2020 年	2020-10-13
649	汇中股份	2020 年	2020-09-07
650	捷顺科技	2020 年	2020-09-26
651	众兴菌业	2020 年	2020-08-31
652	海翔药业	2020 年	2020-11-24
653	佳士科技	2020 年	2020-08-18
654	尔康制药	2020 年	2020-08-05
655	欣旺达	2020 年	2020-09-17
656	科信技术	2020 年	2020-12-11
657	中核钛白	2020 年	2020-08-17
658	利君股份	2020 年	2020-07-22
659	蔚蓝锂芯	2020 年	2020-08-26
660	永新股份	2020 年	2020-08-25
661	越秀资本	2020 年	2021-09-16
662	越秀资本	2020 年	2023-09-05
663	昇兴股份	2020 年	2020-11-28
664	英威腾	2020 年	2020-07-15
665	中航成飞	2020 年	2020-07-21
666	斯莱克	2020 年	2020-08-14
667	我爱我家	2020 年	2020-07-02
668	高新兴	2020 年	2020-07-24

续表

序号	证券简称	董事会预案日	实施完成日
669	天康生物	2020 年	2020 - 09 - 14
670	ST 汇金	2020 年	2020 - 07 - 30
671	康力电梯	2020 年	2020 - 07 - 07
672	宝新能源	2020 年	2020 - 08 - 07
673	美的集团	2020 年	2020 - 07 - 15
674	美的集团	2020 年	2020 - 07 - 10
675	光线传媒	2020 年	2020 - 10 - 29
676	吉宏股份	2020 年	2020 - 05 - 29
677	安科瑞	2020 年	2020 - 07 - 08
678	信息发展	2020 年	2020 - 07 - 10
679	华大基因	2020 年	2020 - 07 - 16
680	良信股份	2020 年	2020 - 06 - 08
681	歌尔股份	2020 年	2020 - 06 - 30
682	通光线缆	2020 年	2020 - 11 - 11
683	贝瑞基因	2020 年	2021 - 07 - 01
684	*ST 金科	2020 年	2020 - 09 - 22
685	每日互动	2020 年	2020 - 05 - 22
686	裕兴股份	2020 年	2020 - 05 - 20
687	全信股份	2020 年	2020 - 07 - 02
688	国科微	2020 年	2020 - 09 - 25
689	众合科技	2020 年	2020 - 07 - 20
690	塔牌集团	2020 年	2021 - 04 - 06
691	四方达	2020 年	2020 - 05 - 22
692	森马服饰	2020 年	2020 - 09 - 15

续表

序号	证券简称	董事会预案日	实施完成日
693	恒邦股份	2020年	2022-02-11
694	恺英网络	2020年	2020-06-24
695	奥士康	2020年	2020-06-03
696	洽洽食品	2020年	2020-05-25
697	中来股份	2020年	2020-03-16
698	杰瑞股份	2020年	2020-03-02
699	美力科技	2021年	2022-02-16
700	大洋电机	2021年	2022-05-26
701	兄弟科技	2021年	2022-01-21
702	汉王科技	2021年	2022-07-04
703	创意信息	2021年	2022-03-15
704	农产品	2021年	2022-04-28
705	贝因美	2021年	2021-12-27
706	迪安诊断	2021年	2022-01-27
707	康达新材	2021年	2022-01-06
708	洁美科技	2021年	2022-01-13
709	桂林三金	2021年	2022-02-10
710	科伦药业	2021年	2022-05-26
711	ST八菱	2021年	2021-12-15
712	凯中精密	2021年	2022-02-08
713	兔宝宝	2021年	2022-01-10
714	高新兴	2021年	2021-12-23
715	中恒电气	2021年	2022-01-19
716	天和防务	2021年	2022-09-29

续表

序号	证券简称	董事会预案日	实施完成日
717	科顺股份	2021 年	2022 – 02 – 16
718	锋龙股份	2021 年	2022 – 01 – 04
719	三利谱	2021 年	2022 – 01 – 26
720	飞力达	2021 年	2021 – 12 – 20
721	汇纳科技	2021 年	2021 – 12 – 17
722	楚江新材	2021 年	2022 – 06 – 01
723	长缆科技	2021 年	2022 – 02 – 10
724	水晶光电	2021 年	2022 – 01 – 27
725	雪迪龙	2021 年	2021 – 12 – 27
726	宝馨科技	2021 年	2022 – 11 – 04
727	云图控股	2021 年	2021 – 12 – 23
728	盛新锂能	2021 年	2022 – 02 – 07
729	上峰水泥	2021 年	2022 – 04 – 22
730	露笑科技	2021 年	2021 – 12 – 14
731	亚厦股份	2021 年	2022 – 03 – 31
732	力盛体育	2021 年	2023 – 01 – 10
733	阳谷华泰	2021 年	2021 – 12 – 21
734	中电鑫龙	2021 年	2021 – 11 – 23
735	清水源	2021 年	2021 – 11 – 24
736	恒华科技	2021 年	2021 – 11 – 24
737	*ST 普利	2021 年	2021 – 11 – 22
738	新金路	2021 年	2021 – 11 – 23
739	德美化工	2021 年	2021 – 09 – 24
740	国轩高科	2021 年	2022 – 01 – 18

续表

序号	证券简称	董事会预案日	实施完成日
741	仁和药业	2021年	2021-10-13
742	蔚蓝锂芯	2021年	2022-02-08
743	浙江永强	2021年	2021-09-16
744	美年健康	2021年	2021-12-31
745	恒邦股份	2021年	2022-02-11
746	理工能科	2021年	2021-09-01
747	兴森科技	2021年	2021-08-18
748	正丹股份	2021年	2021-09-23
749	神州泰岳	2021年	2021-09-06
750	汤姆猫	2021年	2021-08-02
751	理邦仪器	2021年	2021-09-24
752	洽洽食品	2021年	2021-10-14
753	开润股份	2021年	2021-07-16
754	洲明科技	2021年	2021-08-12
755	TCL中环	2021年	2021-07-14
756	格力电器	2021年	2021-12-13
757	TCL科技	2021年	2021-09-27
758	三只松鼠	2021年	2021-07-15
759	鱼跃医疗	2021年	2021-08-25
760	乔治白	2021年	2021-07-20
761	亿纬锂能	2021年	2021-07-09
762	顺络电子	2021年	2021-08-17
763	游族网络	2021年	2021-07-22
764	藏格矿业	2021年	2021-07-29

续表

序号	证券简称	董事会预案日	实施完成日
765	利亚德	2021 年	2021-09-09
766	大洋电机	2021 年	2021-07-22
767	深纺织 A	2021 年	2021-09-01
768	卫光生物	2021 年	2022-03-14
769	我爱我家	2021 年	2021-07-09
770	富祥药业	2021 年	2021-06-29
771	英威腾	2021 年	2021-06-15
772	美的集团	2021 年	2021-08-11
773	美的集团	2021 年	2021-08-03
774	煌上煌	2021 年	2021-09-17
775	集泰股份	2021 年	2021-07-05
776	福瑞股份	2021 年	2021-07-15
777	杰瑞股份	2021 年	2021-07-05
778	杰瑞股份	2021 年	2021-07-05
779	蠡湖股份	2021 年	2021-09-01
780	神开股份	2021 年	2021-07-14
781	科力尔	2021 年	2021-06-23
782	绿盟科技	2021 年	2021-07-15
783	海大集团	2021 年	2021-06-18
784	光线传媒	2021 年	2021-05-24
785	歌尔股份	2021 年	2021-07-23
786	恒星科技	2021 年	2021-06-04
787	海亮股份	2021 年	2021-11-17
788	三诺生物	2021 年	2021-05-28

续表

序号	证券简称	董事会预案日	实施完成日
789	丽珠集团	2021年	2021-05-26
790	葵花药业	2021年	2021-07-30
791	恒逸石化	2021年	2021-09-24
792	汇中股份	2021年	2021-05-20
793	云南白药	2021年	2021-07-01
794	东方雨虹	2021年	2021-06-23
795	泰嘉股份	2021年	2021-07-05
796	ST证通	2021年	2021-06-16
797	兴瑞科技	2021年	2021-05-25
798	云图控股	2021年	2021-04-27
799	亿纬锂能	2021年	2021-06-07
800	美力科技	2021年	2021-05-19
801	四方达	2021年	2021-06-16
802	塔牌集团	2021年	2022-03-29
803	奥拓电子	2021年	2021-06-01
804	澄天伟业	2021年	2021-07-05
805	华策影视	2021年	2021-05-24
806	国光电器	2021年	2023-02-06
807	新华联	2021年	2021-06-04
808	杰恩设计	2021年	2021-06-15
809	顺网科技	2021年	2021-03-25
810	巨人网络	2021年	2021-04-20
811	东山精密	2021年	2021-06-04
812	宝新能源	2021年	2021-08-23

续表

序号	证券简称	董事会预案日	实施完成日
813	TCL中环	2021年	2021-03-15
814	中威电子	2021年	2021-04-27
815	东方日升	2021年	2021-07-27
816	新华都	2021年	2021-04-27
817	正邦科技	2021年	2021-03-24
818	朗姿股份	2021年	2021-03-23
819	隆盛科技	2021年	2021-03-10
820	斯莱克	2021年	2021-07-20
821	梦网科技	2021年	2021-07-22
822	双杰电气	2021年	2021-03-26
823	比音勒芬	2021年	2021-02-27
824	乐歌股份	2021年	2021-03-12
825	安科瑞	2021年	2021-02-05
826	完美世界	2021年	2021-04-30
827	洽洽食品	2021年	2021-04-01
828	东杰智能	2021年	2021-03-26
829	中胤时尚	2022年	2023-04-10
830	康达新材	2022年	2023-02-08
831	中际旭创	2022年	2023-03-20
832	大洋电机	2022年	2023-04-27
833	赞宇科技	2022年	2023-03-09
834	金智科技	2022年	2023-02-24
835	水晶光电	2022年	2023-03-23
836	水晶光电	2022年	2023-03-24

续表

序号	证券简称	董事会预案日	实施完成日
837	研奥股份	2022 年	2023-01-12
838	浩洋股份	2022 年	2023-06-15
839	ST 中嘉	2022 年	2022-12-26
840	金盾股份	2022 年	2023-01-09
841	恺英网络	2022 年	2023-01-06
842	恒星科技	2022 年	2022-12-29
843	长荣股份	2022 年	2023-05-26
844	华大基因	2022 年	2023-02-01
845	凯莱英	2022 年	2023-05-22
846	中伟股份	2022 年	2023-05-29
847	东方盛虹	2022 年	2023-03-15
848	高德红外	2022 年	2022-12-27
849	洽洽食品	2022 年	2023-03-22
850	天海防务	2022 年	2023-01-30
851	普利特	2022 年	2023-05-04
852	恺英网络	2022 年	2023-01-03
853	荃银高科	2022 年	2022-11-14
854	苏宁环球	2022 年	2022-11-16
855	劲拓股份	2022 年	2022-11-09
856	智光电气	2022 年	2022-11-08
857	集泰股份	2022 年	2022-11-15
858	东山精密	2022 年	2023-04-26
859	吉宏股份	2022 年	2022-11-23
860	通源石油	2022 年	2022-11-10

续表

序号	证券简称	董事会预案日	实施完成日
861	华凯易佰	2022 年	2022 - 11 - 28
862	国城矿业	2022 年	2022 - 11 - 02
863	洽洽食品	2022 年	2023 - 01 - 19
864	京泉华	2022 年	2022 - 11 - 30
865	苏州固锝	2022 年	2022 - 12 - 21
866	嘉欣丝绸	2022 年	2022 - 12 - 05
867	九安医疗	2022 年	2022 - 12 - 01
868	江特电机	2022 年	2022 - 10 - 25
869	美年健康	2022 年	2022 - 10 - 17
870	苏宁环球	2022 年	2022 - 10 - 25
871	长缆科技	2022 年	2023 - 01 - 03
872	山东矿机	2022 年	2022 - 10 - 17
873	中环环保	2022 年	2022 - 11 - 22
874	杰瑞股份	2022 年	2022 - 10 - 11
875	鼎捷数智	2022 年	2022 - 09 - 26
876	杰瑞股份	2022 年	2022 - 10 - 11
877	神州信息	2022 年	2023 - 02 - 20
878	天齐锂业	2022 年	2022 - 12 - 21
879	亿帆医药	2022 年	2022 - 11 - 07
880	海能实业	2022 年	2022 - 12 - 20
881	金字火腿	2022 年	2022 - 09 - 28
882	豪迈科技	2022 年	2022 - 10 - 31
883	科伦药业	2022 年	2022 - 10 - 10
884	久立特材	2022 年	2022 - 09 - 27

续表

序号	证券简称	董事会预案日	实施完成日
885	雷赛智能	2022 年	2022-11-25
886	领益智造	2022 年	2022-12-07
887	耐普矿机	2022 年	2022-09-22
888	三联虹普	2022 年	2022-09-29
889	雷科防务	2022 年	2022-10-18
890	葵花药业	2022 年	2022-10-27
891	江特电机	2022 年	2022-09-27
892	ST 华通	2022 年	2022-09-08
893	花园生物	2022 年	2022-09-30
894	TCL 中环	2022 年	2022-09-08
895	千红制药	2022 年	2022-09-06
896	艾比森	2022 年	2022-12-23
897	胜宏科技	2022 年	2022-11-24
898	威海广泰	2022 年	2022-09-28
899	振芯科技	2022 年	2022-09-21
900	ST 易购	2022 年	2022-09-02
901	汇川技术	2022 年	2022-08-02
902	南极电商	2022 年	2022-09-22
903	聚光科技	2022 年	2022-09-23
904	瀛通通讯	2022 年	2022-08-16
905	博思软件	2022 年	2022-12-28
906	*ST 金科	2022 年	2023-01-18
907	佩蒂股份	2022 年	2022-09-07
908	歌尔股份	2022 年	2023-01-13

续表

序号	证券简称	董事会预案日	实施完成日
909	埃斯顿	2022 年	2022-08-25
910	盛天网络	2022 年	2022-08-19
911	东宝生物	2022 年	2022-07-29
912	顺网科技	2022 年	2022-08-26
913	圣农发展	2022 年	2022-09-23
914	新华都	2022 年	2022-07-28
915	开润股份	2022 年	2022-09-13
916	游族网络	2022 年	2022-07-18
917	科华数据	2022 年	2022-09-19
918	大洋电机	2022 年	2022-07-22
919	绿盟科技	2022 年	2022-07-22
920	江龙船艇	2022 年	2022-06-21
921	隆盛科技	2022 年	2022-09-22
922	乐歌股份	2022 年	2022-12-19
923	开尔新材	2022 年	2022-07-13
924	TCL 科技	2022 年	2022-12-28
925	山东矿机	2022 年	2022-06-30
926	超图软件	2022 年	2022-09-21
927	新宝股份	2022 年	2022-07-13
928	格力电器	2022 年	2023-02-03
929	金信诺	2022 年	2022-06-23
930	汇中股份	2022 年	2022-06-30
931	金三江	2022 年	2022-07-22
932	云图控股	2022 年	2022-06-21

续表

序号	证券简称	董事会预案日	实施完成日
933	弘亚数控	2022 年	2022 - 06 - 08
934	洲明科技	2022 年	2023 - 11 - 21
935	卫星化学	2022 年	2022 - 05 - 25
936	今飞凯达	2022 年	2022 - 07 - 01
937	麦趣尔	2022 年	2022 - 06 - 02
938	美的集团	2022 年	2022 - 07 - 26
939	美的集团	2022 年	2022 - 07 - 18
940	甘源食品	2022 年	2022 - 06 - 06
941	裕兴股份	2022 年	2022 - 05 - 25
942	怡亚通	2022 年	2022 - 10 - 13
943	ST 特信	2022 年	2022 - 05 - 27
944	三七互娱	2022 年	2022 - 06 - 28
945	安科瑞	2022 年	2022 - 05 - 23
946	比亚迪	2022 年	2022 - 07 - 14
947	亿联网络	2022 年	2022 - 06 - 16
948	回天新材	2022 年	2022 - 07 - 07
949	大立科技	2022 年	2022 - 07 - 22
950	佳讯飞鸿	2022 年	2022 - 06 - 27
951	众合科技	2022 年	2022 - 11 - 15
952	广联达	2022 年	2022 - 07 - 13
953	昂利康	2022 年	2022 - 11 - 01
954	神州数码	2022 年	2022 - 07 - 25
955	宝鹰股份	2022 年	2022 - 05 - 12
956	丽珠集团	2022 年	2022 - 08 - 12

续表

序号	证券简称	董事会预案日	实施完成日
957	宏润建设	2022 年	2022-07-08
958	中孚信息	2022 年	2022-07-29
959	九阳股份	2022 年	2022-10-17
960	天融信	2022 年	2022-05-06
961	三雄极光	2022 年	2022-05-11
962	洪汇新材	2022 年	2022-05-18
963	苏试试验	2022 年	2022-06-02
964	益生股份	2022 年	2022-04-26
965	通达股份	2022 年	2022-05-06
966	立方数科	2022 年	2022-09-30
967	宁波华翔	2022 年	2022-08-04
968	长盈精密	2022 年	2022-06-16
969	辉煌科技	2022 年	2022-04-22
970	塔牌集团	2022 年	2023-03-29
971	盛通股份	2022 年	2022-09-23
972	东方盛虹	2022 年	2022-08-31
973	亿纬锂能	2022 年	2022-09-21
974	昌红科技	2022 年	2022-11-15
975	京山轻机	2022 年	2022-03-28
976	天顺风能	2022 年	2022-10-14
977	新兴装备	2022 年	2022-03-29
978	捷佳伟创	2022 年	2022-04-29
979	金固股份	2022 年	2022-03-28
980	四会富仕	2022 年	2022-04-22

续表

序号	证券简称	董事会预案日	实施完成日
981	隆平高科	2022年	2022-06-15
982	联创电子	2022年	2022-06-21
983	申通快递	2022年	2022-03-29
984	众生药业	2022年	2022-03-17
985	智飞生物	2022年	2022-03-18
986	苏宁环球	2022年	2022-07-21
987	大富科技	2022年	2022-03-11
988	鸿路钢构	2022年	2022-06-23
989	开润股份	2022年	2022-03-07
990	*ST有树	2022年	2022-02-28
991	江特电机	2022年	2022-02-24
992	迈瑞医疗	2022年	2022-05-25
993	华昌化工	2022年	2022-04-12
994	盈峰环境	2022年	2022-10-12
995	圣元环保	2022年	2022-03-18
996	棒杰股份	2022年	2022-03-24
997	润和软件	2022年	2022-04-28
998	斯莱克	2022年	2022-03-08
999	欣旺达	2022年	2022-02-16
1000	回盛生物	2023年	2024-02-06
1001	信立泰	2023年	2024-07-09
1002	三力士	2023年	2024-02-05
1003	完美世界	2023年	2024-06-21
1004	申旗新材	2023年	2024-03-04

续表

序号	证券简称	董事会预案日	实施完成日
1005	奋达科技	2023 年	2024 - 02 - 21
1006	赛象科技	2023 年	2024 - 01 - 10
1007	辉煌科技	2023 年	2024 - 01 - 17
1008	万丰奥威	2023 年	2024 - 01 - 10
1009	开能健康	2023 年	2023 - 12 - 21
1010	国瓷材料	2023 年	2024 - 05 - 06
1011	洲明科技	2023 年	2024 - 02 - 07
1012	雪人股份	2023 年	2024 - 01 - 18
1013	岩山科技	2023 年	2023 - 12 - 12
1014	德联集团	2023 年	2024 - 02 - 07
1015	洽洽食品	2023 年	2023 - 11 - 30
1016	元隆雅图	2023 年	2024 - 02 - 02
1017	横店东磁	2023 年	2024 - 11 - 04
1018	亿纬锂能	2023 年	2023 - 12 - 25
1019	博腾股份	2023 年	2024 - 02 - 27
1020	丽珠集团	2023 年	2023 - 12 - 22
1021	汉得信息	2023 年	2024 - 06 - 14
1022	中兴商业	2023 年	2023 - 12 - 13
1023	赣锋锂业	2023 年	2024 - 01 - 15
1024	科安达	2023 年	2023 - 11 - 21
1025	视觉中国	2023 年	2023 - 12 - 22
1026	天融信	2023 年	2023 - 11 - 09
1027	南极电商	2023 年	2023 - 12 - 20
1028	ST 八菱	2023 年	2023 - 11 - 09

续表

序号	证券简称	董事会预案日	实施完成日
1029	万丰奥威	2023年	2023-11-03
1030	宇瞳光学	2023年	2024-06-11
1031	双塔食品	2023年	2023-12-12
1032	创意信息	2023年	2023-11-21
1033	金城医药	2023年	2023-11-07
1034	鱼跃医疗	2023年	2023-11-15
1035	汇川技术	2023年	2023-09-25
1036	中联重科	2023年	2023-10-17
1037	豪迈科技	2023年	2023-12-27
1038	艾比森	2023年	2023-12-05
1039	雅本化学	2023年	2024-01-31
1040	阿尔特	2023年	2023-12-22
1041	天津普林	2023年	2023-12-05
1042	稳健医疗	2023年	2023-10-11
1043	贝因美	2023年	2023-09-05
1044	精锻科技	2023年	2023-09-22
1045	奥拓电子	2023年	2023-09-26
1046	天亿马	2023年	2023-12-28
1047	上海莱士	2023年	2023-09-21
1048	恒逸石化	2023年	2023-09-27
1049	劲仔食品	2023年	2023-09-06
1050	歌尔股份	2023年	2023-09-13
1051	海象新材	2023年	2024-01-24
1052	深圳瑞捷	2023年	2023-10-11

续表

序号	证券简称	董事会预案日	实施完成日
1053	韵达股份	2023 年	2023 - 09 - 28
1054	大洋电机	2023 年	2023 - 11 - 02
1055	神州泰岳	2023 年	2023 - 09 - 01
1056	常宝股份	2023 年	2023 - 09 - 05
1057	煌上煌	2023 年	2023 - 09 - 28
1058	海大集团	2023 年	2023 - 09 - 08
1059	通宇通讯	2023 年	2023 - 11 - 23
1060	四会富仕	2023 年	2023 - 12 - 05
1061	新华都	2023 年	2023 - 08 - 30
1062	东方盛虹	2023 年	2023 - 08 - 30
1063	比音勒芬	2023 年	2023 - 07 - 27
1064	绿康生化	2023 年	2023 - 10 - 31
1065	新和成	2023 年	2023 - 09 - 25
1066	健帆生物	2023 年	2023 - 09 - 18
1067	TCL 科技	2023 年	2023 - 11 - 02
1068	振东制药	2023 年	2023 - 12 - 04
1069	汇纳科技	2023 年	2023 - 08 - 23
1070	数字政通	2023 年	2023 - 06 - 27
1071	粤海饲料	2023 年	2023 - 08 - 08
1072	奥海科技	2023 年	2023 - 07 - 14
1073	中集车辆	2023 年	2023 - 11 - 07
1074	杰瑞股份	2023 年	2023 - 08 - 15
1075	杰瑞股份	2023 年	2023 - 08 - 18
1076	绿盟科技	2023 年	2024 - 01 - 10

续表

序号	证券简称	董事会预案日	实施完成日
1077	凯中精密	2023 年	2023-06-21
1078	弘亚数控	2023 年	2023-07-11
1079	实丰文化	2023 年	2023-09-12
1080	美的集团	2023 年	2023-07-21
1081	西子洁能	2023 年	2023-05-31
1082	中石科技	2023 年	2023-05-31
1083	天润工业	2023 年	2023-06-28
1084	科远智慧	2023 年	2023-06-20
1085	众合科技	2023 年	2023-11-13
1086	汇中股份	2023 年	2023-06-08
1087	亿联网络	2023 年	2023-05-23
1088	四方达	2023 年	2023-06-29
1089	ST 易购	2023 年	2023-12-14
1090	朗新集团	2023 年	2023-07-17
1091	锐明技术	2023 年	2023-06-08
1092	宇信科技	2023 年	2023-05-23
1093	健帆生物	2023 年	2023-09-08
1094	佳发教育	2023 年	2023-06-29
1095	太龙股份	2023 年	2023-05-24
1096	东方电热	2023 年	2023-05-19
1097	恒而达	2023 年	2023-09-16
1098	通达股份	2023 年	2023-08-15
1099	杰恩设计	2023 年	2023-07-05
1100	华自科技	2023 年	2023-08-29

续表

序号	证券简称	董事会预案日	实施完成日
1101	温氏股份	2023 年	2023 - 04 - 17
1102	居然智家	2023 年	2023 - 03 - 24
1103	雷赛智能	2023 年	2023 - 03 - 16
1104	良信股份	2023 年	2023 - 02 - 24
1105	良信股份	2023 年	2023 - 02 - 20
1106	利安隆	2023 年	2023 - 06 - 16
1107	海信家电	2023 年	2023 - 06 - 01

注：同一上市公司当年实施了不同的员工持股计划的，视为两次进行报告。

2015—2023 年沪市实施员工持股计划的上市公司

序号	证券简称	董事会预案日	实施完成日
1	润达医疗	2015 年	2016 - 11 - 17
2	康美药业	2015 年	2016 - 06 - 27
3	大智慧	2015 年	2015 - 12 - 17
4	上汽集团	2015 年	2017 - 01 - 19
5	中国高科	2015 年	2015 - 12 - 31
6	太极实业	2015 年	2020 - 06 - 23
7	太极实业	2015 年	2017 - 01 - 18
8	尚纬股份	2015 年	2016 - 02 - 29
9	永创智能	2015 年	2016 - 01 - 06
10	喜临门	2015 年	2016 - 10 - 12
11	亨通光电	2015 年	2018 - 06 - 07
12	北大荒	2015 年	2015 - 11 - 30
13	信雅达	2015 年	2015 - 11 - 12
14	火炬电子	2015 年	2016 - 03 - 08

续表

序号	证券简称	董事会预案日	实施完成日
15	东阳光	2015 年	2015-11-09
16	福斯特	2015 年	2015-09-30
17	广誉远	2015 年	2016-05-09
18	保税科技	2015 年	2016-08-18
19	*ST 信通	2015 年	2016-10-11
20	亚星锚链	2015 年	2015-12-23
21	永鼎股份	2015 年	2016-02-17
22	圆通速递	2015 年	2015-11-02
23	佳都科技	2015 年	2015-09-15
24	旗滨集团	2015 年	2016-01-04
25	联创光电	2015 年	2016-02-03
26	杭电股份	2015 年	2015-09-30
27	泰豪科技	2015 年	2016-01-07
28	奥瑞德	2015 年	2016-01-11
29	衢州发展	2015 年	2015-09-16
30	九洲药业	2015 年	2015-09-26
31	中安科	2015 年	2015-11-09
32	冠城新材	2015 年	2016-01-19
33	大名城	2015 年	2015-09-23
34	杭萧钢构	2015 年	2016-08-29
35	岳阳林纸	2015 年	2017-05-17
36	会稽山	2015 年	2016-09-06
37	人福医药	2015 年	2015-09-02

续表

序号	证券简称	董事会预案日	实施完成日
38	华海药业	2015 年	2016-10-17
39	万东医疗	2015 年	2016-01-20
40	ST 曙光	2015 年	2016-08-23
41	广晟有色	2015 年	2016-11-01
42	西宁特钢	2015 年	2016-11-23
43	九牧王	2015 年	2015-09-29
44	山东黄金	2015 年	2016-10-17
45	柳药集团	2015 年	2016-02-17
46	隆鑫通用	2015 年	2015-06-05
47	龙净环保	2015 年	2015-07-03
48	物产中大	2015 年	2015-11-05
49	怡球资源	2015 年	2015-08-04
50	中安科	2015 年	2015-05-26
51	科力远	2015 年	2015-06-01
52	上海家化	2015 年	2015-12-07
53	益佰制药	2015 年	2015-06-29
54	纽威股份	2015 年	2015-03-20
55	精伦电子	2015 年	2015-03-04
56	星宇股份	2015 年	2015-08-28
57	白云山	2015 年	2016-08-17
58	电魂网络	2016 年	2017-02-03
59	杭电股份	2016 年	2017-02-24
60	ST 百利	2016 年	2017-07-06

续表

序号	证券简称	董事会预案日	实施完成日
61	天通股份	2016年	2017-02-23
62	火炬电子	2016年	2017-01-26
63	格力地产	2016年	2016-12-29
64	三安光电	2016年	2016-12-23
65	ST柯利达	2016年	2017-02-21
66	ST柯利达	2016年	2019-01-02
67	瑞贝卡	2016年	2016-11-10
68	瑞贝卡	2016年	2016-11-11
69	华光环能	2016年	2017-06-30
70	康恩贝	2016年	2017-01-25
71	全筑股份	2016年	2016-12-12
72	楚天高速	2016年	2017-02-22
73	紫金矿业	2016年	2017-06-06
74	驰宏锌锗	2016年	2017-11-30
75	百川能源	2016年	2016-12-05
76	海利生物	2016年	2016-08-22
77	金证股份	2016年	2016-08-25
78	科达制造	2016年	2016-07-18
79	格力地产	2016年	2016-09-28
80	万盛股份	2016年	2016-07-29
81	冠城新材	2016年	2019-06-05
82	*ST信通	2016年	2016-09-30
83	龙韵股份	2016年	2016-12-01

续表

序号	证券简称	董事会预案日	实施完成日
84	海尔智家	2016 年	2016-11-29
85	龙净环保	2016 年	2016-06-17
86	ST 中珠	2016 年	2016-09-30
87	南京医药	2016 年	2018-02-02
88	湖南海利	2016 年	2018-01-31
89	三江购物	2016 年	2016-09-09
90	隆鑫通用	2016 年	2016-06-13
91	安徽建工	2016 年	2021-06-11
92	上海建工	2016 年	2017-02-28
93	郑煤机	2016 年	2017-03-22
94	南京新百	2016 年	2016-07-07
95	中源协和	2016 年	2016-06-28
96	金花股份	2016 年	2018-06-14
97	三一重工	2016 年	2016-09-14
98	金发科技	2016 年	2016-12-21
99	华鼎股份	2016 年	2016-04-13
100	星宇股份	2016 年	2016-03-31
101	厦门象屿	2016 年	2016-07-29
102	百花医药	2016 年	2017-01-06
103	*ST 富润	2017 年	2018-07-12
104	渤海轮渡	2017 年	2018-05-31
105	通威股份	2017 年	2018-05-07
106	伟明环保	2017 年	2018-01-17

续表

序号	证券简称	董事会预案日	实施完成日
107	安记食品	2017 年	2018-01-25
108	精达股份	2017 年	2018-02-14
109	能科科技	2017 年	2018-04-27
110	宁波建工	2017 年	2018-06-09
111	万通发展	2017 年	2018-05-04
112	佳都科技	2017 年	2018-02-01
113	红豆股份	2017 年	2017-12-22
114	ST 百利	2017 年	2017-12-06
115	宝胜股份	2017 年	2018-04-16
116	广誉远	2017 年	2017-12-05
117	维力医疗	2017 年	2017-12-25
118	通用股份	2017 年	2017-09-15
119	龙元建设	2017 年	2017-09-26
120	安通控股	2017 年	2018-01-12
121	博汇纸业	2017 年	2018-01-05
122	美克家居	2017 年	2017-09-25
123	红豆股份	2017 年	2017-07-18
124	恒力石化	2017 年	2017-12-28
125	福成股份	2017 年	2017-12-29
126	兴业证券	2017 年	2017-08-17
127	兴业证券	2017 年	2017-08-17
128	杰克股份	2017 年	2017-09-22
129	福鞍股份	2017 年	2017-07-21

续表

序号	证券简称	董事会预案日	实施完成日
130	ST 元成	2017 年	2017-07-07
131	龙净环保	2017 年	2017-06-08
132	电魂网络	2017 年	2017-09-08
133	鹏欣资源	2017 年	2017-09-07
134	ST 东时	2017 年	2017-06-27
135	东百集团	2017 年	2017-06-30
136	隆鑫通用	2017 年	2017-05-12
137	桃李面包	2017 年	2017-05-31
138	天士力	2017 年	2017-06-10
139	妙可蓝多	2017 年	2018-06-09
140	海尔智家	2017 年	2017-03-28
141	塞力医疗	2017 年	2018-06-11
142	金诚信	2017 年	2017-03-18
143	梅花生物	2017 年	2017-01-26
144	重庆钢铁	2018 年	2019-05-14
145	长飞光纤	2018 年	2019-05-08
146	美凯龙	2018 年	2019-06-26
147	东珠生态	2018 年	2019-03-14
148	和邦生物	2018 年	2018-11-30
149	三棵树	2018 年	2019-02-21
150	ST 东时	2018 年	2020-05-07
151	春秋航空	2018 年	2018-12-15
152	德邦股份	2018 年	2019-03-04

续表

序号	证券简称	董事会预案日	实施完成日
153	厦门钨业	2018 年	2019-02-11
154	健盛集团	2018 年	2018-12-24
155	恒力石化	2018 年	2018-09-03
156	掌阅科技	2018 年	2018-12-18
157	山鹰国际	2018 年	2018-12-29
158	恒丰纸业	2018 年	2018-09-07
159	红豆股份	2018 年	2018-11-30
160	金徽酒	2018 年	2019-05-24
161	天士力	2018 年	2018-08-23
162	海尔智家	2018 年	2018-05-22
163	三江购物	2018 年	2018-07-13
164	龙净环保	2018 年	2018-06-05
165	隆鑫通用	2018 年	2018-05-28
166	桃李面包	2018 年	2018-07-07
167	通用股份	2018 年	2018-07-16
168	正裕工业	2018 年	2018-06-19
169	星宇股份	2018 年	2018-12-03
170	合盛硅业	2018 年	2018-03-16
171	成大生物	2018 年	2018-06-11
172	石英股份	2018 年	2018-05-11
173	福斯特	2018 年	2018-03-21
174	卧龙电驱	2018 年	2021-06-10
175	卧龙地产	2018 年	2018-06-15

续表

序号	证券简称	董事会预案日	实施完成日
176	吉祥航空	2018 年	2018-05-25
177	ST 锦港	2018 年	2018-05-25
178	重庆钢铁	2019 年	2020-06-09
179	华创云信	2019 年	2020-01-15
180	恒力石化	2019 年	2019-12-30
181	水星家纺	2019 年	2020-07-14
182	招商证券	2019 年	2020-03-03
183	重庆钢铁	2019 年	2019-11-28
184	旗滨集团	2019 年	2019-11-24
185	伟明环保	2019 年	2019-11-14
186	春秋航空	2019 年	2019-12-07
187	福龙马	2019 年	2020-05-29
188	环旭电子	2019 年	2020-07-16
189	三棵树	2019 年	2019-09-19
190	纽威股份	2019 年	2021-06-17
191	东珠生态	2019 年	2019-03-14
192	ST 广物	2019 年	2019-09-17
193	风神股份	2019 年	2019-08-13
194	东方材料	2019 年	2019-08-08
195	旭光电子	2019 年	2019-08-16
196	恒力石化	2019 年	2019-12-30
197	汇顶科技	2019 年	2019-09-12
198	ST 柯利达	2019 年	2019-07-30

续表

序号	证券简称	董事会预案日	实施完成日
199	海兴电力	2019 年	2019-07-05
200	和邦生物	2019 年	2022-01-21
201	卧龙地产	2019 年	2019-09-03
202	海尔智家	2019 年	2019-07-16
203	格力地产	2019 年	2019-09-03
204	科森科技	2019 年	2019-09-17
205	ST 锦港	2019 年	2019-07-26
206	三江购物	2019 年	2019-06-11
207	龙净环保	2019 年	2019-06-14
208	美凯龙	2019 年	2019-06-26
209	华创云信	2019 年	2019-07-18
210	桃李面包	2019 年	2019-05-15
211	华设集团	2019 年	2019-04-26
212	火炬电子	2019 年	2019-03-21
213	杰克股份	2019 年	2019-06-27
214	骆驼股份	2019 年	2019-03-21
215	东百集团	2019 年	2019-05-07
216	重庆钢铁	2020 年	2021-08-03
217	百利电气	2020 年	2021-02-02
218	科森科技	2020 年	2021-02-10
219	浙文互联	2020 年	2021-06-17
220	旭光电子	2020 年	2021-05-18
221	福斯特	2020 年	2021-05-25

续表

序号	证券简称	董事会预案日	实施完成日
222	恒生电子	2020 年	2021 - 06 - 25
223	春秋航空	2020 年	2021 - 03 - 30
224	博威合金	2020 年	2021 - 02 - 18
225	新力金融	2020 年	2021 - 02 - 03
226	三一重工	2020 年	2020 - 12 - 25
227	科达制造	2020 年	2021 - 02 - 09
228	豫园股份	2020 年	2020 - 12 - 31
229	嘉化能源	2020 年	2021 - 04 - 23
230	汇顶科技	2020 年	2020 - 12 - 10
231	麒盛科技	2020 年	2021 - 03 - 12
232	大参林	2020 年	2020 - 12 - 04
233	三安光电	2020 年	2020 - 11 - 12
234	恒力石化	2020 年	2021 - 03 - 11
235	通化东宝	2020 年	2021 - 02 - 01
236	赤峰黄金	2020 年	2021 - 08 - 17
237	天准科技	2020 年	2020 - 10 - 16
238	银座股份	2020 年	2021 - 03 - 26
239	旗滨集团	2020 年	2020 - 11 - 20
240	太龙药业	2020 年	2020 - 10 - 13
241	三棵树	2020 年	2021 - 03 - 10
242	环旭电子	2020 年	2020 - 11 - 02
243	汇顶科技	2020 年	2020 - 11 - 11
244	四方股份	2020 年	2020 - 09 - 24

续表

序号	证券简称	董事会预案日	实施完成日
245	亚士创能	2020 年	2020-11-06
246	动力源	2020 年	2020-12-23
247	华新水泥	2020 年	2021-05-21
248	福田汽车	2020 年	2020-11-23
249	南山铝业	2020 年	2021-02-18
250	汇顶科技	2020 年	2020-09-11
251	宁波韵升	2020 年	2020-10-19
252	骏亚科技	2020 年	2020-09-30
253	天通股份	2020 年	2021-07-14
254	九州通	2020 年	2020-07-23
255	石英股份	2020 年	2020-08-31
256	东方证券	2020 年	2020-08-31
257	山鹰国际	2020 年	2020-07-14
258	皇马科技	2020 年	2020-07-01
259	德邦股份	2020 年	2020-08-10
260	三棵树	2020 年	2020-07-31
261	浙江龙盛	2020 年	2020-06-15
262	康辰药业	2020 年	2020-12-23
263	上海建工	2020 年	2020-09-10
264	三江购物	2020 年	2020-06-24
265	桃李面包	2020 年	2020-06-05
266	福龙马	2020 年	2021-09-18
267	太极集团	2020 年	2020-06-30

续表

序号	证券简称	董事会预案日	实施完成日
268	华设集团	2020 年	2020 – 05 – 15
269	正泰电器	2020 年	2020 – 05 – 11
270	风神股份	2020 年	2021 – 06 – 08
271	水星家纺	2020 年	2020 – 07 – 14
272	新泉股份	2020 年	2020 – 04 – 30
273	桃李面包	2020 年	2020 – 02 – 22
274	大名城	2020 年	2020 – 06 – 23
275	金诚信	2020 年	2020 – 01 – 16
276	广汇能源	2020 年	2021 – 05 – 07
277	滨化股份	2021 年	2022 – 03 – 29
278	西藏珠峰	2021 年	2022 – 06 – 15
279	百利电气	2021 年	2022 – 03 – 04
280	江苏吴中	2021 年	2022 – 03 – 14
281	梅花生物	2021 年	2022 – 01 – 07
282	法狮龙	2021 年	2022 – 04 – 11
283	喜临门	2021 年	2022 – 07 – 15
284	来伊份	2021 年	2022 – 01 – 24
285	骆驼股份	2021 年	2022 – 01 – 27
286	恒为科技	2021 年	2021 – 12 – 28
287	伟明环保	2021 年	2022 – 01 – 11
288	瑞茂通	2021 年	2021 – 12 – 30
289	石英股份	2021 年	2021 – 12 – 08
290	永艺股份	2021 年	2021 – 12 – 02

续表

序号	证券简称	董事会预案日	实施完成日
291	春风动力	2021年	2023-10-10
292	均胜电子	2021年	2021-11-18
293	新泉股份	2021年	2022-03-12
294	金诚信	2021年	2021-12-10
295	三安光电	2021年	2021-12-21
296	旗滨集团	2021年	2021-11-20
297	天准科技	2021年	2021-10-20
298	海南华铁	2021年	2021-12-11
299	水井坊	2021年	2021-11-19
300	京运通	2021年	2021-12-09
301	大众交通	2021年	2021-10-20
302	建设机械	2021年	2022-01-26
303	荣泰健康	2021年	2021-11-29
304	锦泓集团	2021年	2021-12-21
305	环旭电子	2021年	2021-09-22
306	再升科技	2021年	2021-11-22
307	豫园股份	2021年	2021-12-01
308	苏州科达	2021年	2021-11-20
309	佳都科技	2021年	2022-01-27
310	金田股份	2021年	2021-09-27
311	卧龙电驱	2021年	2024-06-27
312	卧龙电驱	2021年	2022-06-09
313	中天科技	2021年	2021-09-03

续表

序号	证券简称	董事会预案日	实施完成日
314	吉祥航空	2021 年	2021 - 10 - 15
315	九州通	2021 年	2021 - 09 - 15
316	福田汽车	2021 年	2021 - 09 - 02
317	福田汽车	2021 年	2021 - 10 - 11
318	麦迪科技	2021 年	2023 - 03 - 30
319	恒通股份	2021 年	2021 - 09 - 06
320	华创云信	2021 年	2021 - 07 - 17
321	伯特利	2021 年	2021 - 10 - 21
322	三棵树	2021 年	2022 - 01 - 12
323	羚锐制药	2021 年	2021 - 07 - 27
324	共进股份	2021 年	2021 - 07 - 23
325	顾家家居	2021 年	2021 - 07 - 30
326	健康元	2021 年	2021 - 08 - 04
327	健康元	2021 年	2021 - 08 - 04
328	春秋航空	2021 年	2021 - 09 - 29
329	亚士创能	2021 年	2021 - 06 - 29
330	三一重工	2021 年	2021 - 06 - 30
331	海尔智家	2021 年	2021 - 07 - 22
332	振德医疗	2021 年	2021 - 07 - 01
333	宇通重工	2021 年	2021 - 08 - 31
334	天洋新材	2021 年	2021 - 06 - 30
335	尚纬股份	2021 年	2021 - 08 - 04
336	汇顶科技	2021 年	2021 - 07 - 22

续表

序号	证券简称	董事会预案日	实施完成日
337	洛阳钼业	2021年	2021-06-17
338	龙净环保	2021年	2021-06-08
339	海优新材	2021年	2021-08-25
340	万业企业	2021年	2021-08-16
341	奥康国际	2021年	2021-07-21
342	凯众股份	2021年	2021-07-01
343	三江购物	2021年	2021-05-27
344	迪贝电气	2021年	2021-07-20
345	永冠新材	2021年	2021-05-31
346	健之佳	2021年	2021-07-21
347	华设集团	2021年	2021-05-27
348	福立旺	2021年	2021-05-15
349	雅戈尔	2021年	2021-05-26
350	宁水集团	2021年	2021-05-28
351	诚邦股份	2021年	2021-03-24
352	通威股份	2021年	2021-05-21
353	艾迪药业	2021年	2021-05-01
354	美凯龙	2021年	2021-05-13
355	浙江龙盛	2021年	2021-06-21
356	桃李面包	2021年	2021-03-01
357	太龙药业	2021年	2021-02-08
358	东峰集团	2021年	2021-03-12
359	能科科技	2021年	2021-02-23

续表

序号	证券简称	董事会预案日	实施完成日
360	岩石股份	2021 年	2021 - 04 - 30
361	梅花生物	2021 年	2021 - 02 - 09
362	神力股份	2021 年	2021 - 03 - 02
363	杰克股份	2021 年	2021 - 03 - 24
364	嘉友国际	2022 年	2023 - 03 - 23
365	梅花生物	2022 年	2023 - 01 - 28
366	华胜天成	2022 年	2023 - 04 - 04
367	伯特利	2022 年	2023 - 05 - 17
368	上工申贝	2022 年	2023 - 02 - 10
369	ST 智知	2022 年	2023 - 01 - 03
370	福斯特	2022 年	2023 - 04 - 27
371	茶花股份	2022 年	2022 - 11 - 30
372	敏芯股份	2022 年	2023 - 02 - 02
373	昂立教育	2022 年	2022 - 12 - 09
374	长园集团	2022 年	2023 - 05 - 08
375	凯众股份	2022 年	2023 - 01 - 06
376	亨通光电	2022 年	2022 - 11 - 23
377	海优新材	2022 年	2023 - 02 - 02
378	瀚川智能	2022 年	2022 - 12 - 28
379	福田汽车	2022 年	2022 - 11 - 08
380	韦尔股份	2022 年	2023 - 03 - 08
381	振德医疗	2022 年	2022 - 12 - 13
382	天准科技	2022 年	2022 - 11 - 21

续表

序号	证券简称	董事会预案日	实施完成日
383	旗滨集团	2022年	2022-11-19
384	富森科技	2022年	2024-01-25
385	康隆达	2022年	2023-04-06
386	新坐标	2022年	2022-12-02
387	金鹰股份	2022年	2022-10-17
388	三一重能	2022年	2022-11-14
389	双良节能	2022年	2022-12-15
390	博睿数据	2022年	2023-07-05
391	友发集团	2022年	2022-11-11
392	友发集团	2022年	2022-11-11
393	宇通重工	2022年	2022-11-28
394	九丰能源	2022年	2022-09-27
395	恒瑞医药	2022年	2022-11-04
396	宁波韵升	2022年	2022-11-09
397	雅运股份	2022年	2022-09-19
398	丽尚国潮	2022年	2022-09-30
399	福田汽车	2022年	2022-09-07
400	九联科技	2022年	2022-09-29
401	金徽股份	2022年	2023-02-15
402	东阳光	2022年	2023-01-03
403	山鹰国际	2022年	2023-02-01
404	威龙股份	2022年	2022-12-02
405	九州通	2022年	2022-07-15

续表

序号	证券简称	董事会预案日	实施完成日
406	恒生电子	2022 年	2022 - 07 - 27
407	厦门钨业	2022 年	2022 - 10 - 28
408	中望软件	2022 年	2022 - 12 - 07
409	远东股份	2022 年	2022 - 12 - 30
410	天马科技	2022 年	2022 - 09 - 29
411	工业富联	2022 年	2023 - 06 - 09
412	中衡设计	2022 年	2022 - 10 - 24
413	通威股份	2022 年	2022 - 07 - 06
414	今创集团	2022 年	2022 - 10 - 17
415	中曼石油	2022 年	2022 - 11 - 30
416	安通控股	2022 年	2022 - 11 - 18
417	国联民生	2022 年	2022 - 11 - 19
418	龙净环保	2022 年	2022 - 11 - 18
419	海尔智家	2022 年	2023 - 07 - 17
420	腾龙股份	2022 年	2022 - 06 - 07
421	三一重工	2022 年	2022 - 07 - 28
422	春秋航空	2022 年	2022 - 12 - 22
423	红蜻蜓	2022 年	2022 - 06 - 17
424	骏亚科技	2022 年	2022 - 11 - 10
425	华友钴业	2022 年	2022 - 11 - 10
426	中科微至	2022 年	2022 - 07 - 29
427	健康元	2022 年	2022 - 06 - 07
428	广汇能源	2022 年	2022 - 06 - 01

续表

序号	证券简称	董事会预案日	实施完成日
429	健康元	2022年	2022-06-07
430	万东医疗	2022年	2022-06-13
431	石头科技	2022年	2022-06-07
432	太龙药业	2022年	2022-11-21
433	长电科技	2022年	2022-09-16
434	福龙马	2022年	2022-05-19
435	汇顶科技	2022年	2022-06-01
436	岩石股份	2022年	2022-09-08
437	宏柏新材	2022年	2022-06-23
438	能科科技	2022年	2022-05-06
439	浙大网新	2022年	2022-05-05
440	恒力石化	2022年	2022-05-10
441	恒力石化	2022年	2025-02-20
442	金桥信息	2022年	2022-07-28
443	海优新材	2022年	2022-03-15
444	鹏欣资源	2022年	2022-03-02
445	格力地产	2022年	2022-03-07
446	欧派家居	2022年	2022-03-22
447	三美股份	2022年	2022-03-25
448	林洋能源	2022年	2022-02-08
449	莱特光电	2023年	2024-03-13
450	永冠新材	2023年	2024-12-30
451	神马电力	2023年	2024-06-25

续表

序号	证券简称	董事会预案日	实施完成日
452	长城汽车	2023 年	2024-02-19
453	杰普特	2023 年	2024-02-28
454	滨化股份	2023 年	2024-05-29
455	紫金矿业	2023 年	2024-04-16
456	恒瑞医药	2023 年	2023-12-26
457	气派科技	2023 年	2023-12-12
458	统联精密	2023 年	2024-06-18
459	盛剑科技	2023 年	2023-12-22
460	三星新材	2023 年	2023-12-22
461	春雪食品	2023 年	2023-12-26
462	旗滨集团	2023 年	2023-11-20
463	韦尔股份	2023 年	2023-10-18
464	健康元	2023 年	2023-12-20
465	利柏特	2023 年	2023-10-26
466	好莱客	2023 年	2023-10-13
467	舍得酒业	2023 年	2023-12-06
468	金田股份	2023 年	2023-10-16
469	用友网络	2023 年	2023-10-31
470	伟时电子	2023 年	2023-12-27
471	百傲化学	2023 年	2023-10-13
472	环旭电子	2023 年	2024-01-16
473	恒生电子	2023 年	2023-11-02
474	恒林股份	2023 年	2023-10-12

续表

序号	证券简称	董事会预案日	实施完成日
475	能科科技	2023 年	2023 - 10 - 09
476	牧高笛	2023 年	2023 - 10 - 17
477	豫园股份	2023 年	2023 - 10 - 13
478	金桥信息	2023 年	2023 - 11 - 10
479	厦门钨业	2023 年	2023 - 11 - 09
480	三一重能	2023 年	2023 - 09 - 12
481	光云科技	2023 年	2023 - 09 - 28
482	伊利股份	2023 年	2024 - 07 - 08
483	汇顶科技	2023 年	2023 - 09 - 08
484	赛轮轮胎	2023 年	2023 - 08 - 17
485	天马科技	2023 年	2024 - 03 - 09
486	万朗磁塑	2023 年	2023 - 09 - 05
487	三安光电	2023 年	2023 - 12 - 13
488	国晟科技	2023 年	2023 - 08 - 31
489	华新水泥	2023 年	2024 - 10 - 01
490	华新水泥	2023 年	2023 - 09 - 28
491	三一重工	2023 年	2023 - 08 - 02
492	九联科技	2023 年	2023 - 07 - 28
493	石头科技	2023 年	2023 - 07 - 06
494	晶科科技	2023 年	2023 - 08 - 04
495	安通控股	2023 年	2023 - 06 - 30
496	春秋航空	2023 年	2023 - 07 - 20
497	九州通	2023 年	2023 - 06 - 07

续表

序号	证券简称	董事会预案日	实施完成日
498	淳中科技	2023年	2023-07-14
499	长城汽车	2023年	2024-02-20
500	百利电气	2023年	2023-11-08
501	ST东时	2023年	2023-07-04
502	时空科技	2023年	2023-06-13
503	澜起科技	2023年	2023-05-30
504	广汇能源	2023年	2023-05-19
505	三江购物	2023年	2023-09-27
506	秦安股份	2023年	2023-09-08
507	康希诺	2023年	2023-05-09
508	文峰股份	2023年	2023-06-28
509	上海港湾	2023年	2023-06-29
510	精达股份	2023年	2023-04-18
511	龙净环保	2023年	2023-08-18
512	岩石股份	2023年	2023-07-13
513	赛福天	2023年	2023-06-29
514	生物股份	2023年	2023-05-23
515	锦泓集团	2023年	2023-06-21
516	西藏旅游	2023年	2023-04-04
517	中科软	2023年	2023-04-18
518	赤峰黄金	2023年	2023-04-28
519	石英股份	2023年	2023-04-11
520	福田汽车	2023年	2023-09-28

续表

序号	证券简称	董事会预案日	实施完成日
521	福田汽车	2023 年	2023－10－10
522	安正时尚	2023 年	2023－02－08
523	福田汽车	2023 年	2023－09－28

注：同一上市公司当年实施了不同的员工持股计划的，视为两次进行报告。

后　记

本书是山东省社会科学规划研究项目"混合所有制改革背景下山东国有企业员工持股计划创新研究"（项目批准号：19CDCJ12）的研究成果。在课题研究过程中，课题组成员进行了多次实地调研和考察，受到了这些企业的热情帮助，为我们提供了非常有价值的信息和经验。在此，向这些优秀的企业和高级管理人员表示衷心的感谢。研究过程中，既遇到过研究瓶颈，也遇到过技术难题，有幸得到许多专家学者和领导的帮助。本书完成过程中，所有感恩的人和感恩的事，我将铭记于心。

感谢山东女子学院会计学院的领导和同事对本书的关注和支持。感谢山东劳动职业技术学院赵欣博士在本书撰写过程中给予的宝贵建议。

感谢山东省社科规划研究项目基金的资助。感谢各位评委专家提出的宝贵意见和建议。

感谢中国财政经济出版社各位编辑老师对本书出版给予充分的耐心和帮助。特别感谢中国财政经济出版社樊清玉老师，樊老师渊博的专业学识和高度职业责任感，一直是我学习的榜样。没有樊老师一直以来的鼓励和支持，本书可能不会这么顺利完成。

在写作过程中，对学海无涯的感触最深，也曾为自己对知识掌握不够全面系统而焦虑。随着本书的完成，我也会以此为起点，继续保持探索的兴趣和热情。因时间和个人学识水平有限，本书难免存在一些不足或疏漏之处，希望得到各位专家学者和读者的批评指正。

李昌振

2025 年 5 月